Aida S. de Rodriguez

Es geht auch ohne Strafen!

Aida S. de Rodriguez

Es geht auch ohne Strafen!

Kinder auf Augenhöhe begleiten.
Impulse für Familie, Kita und Schule

Kösel

Umschlag: Weiss Werkstatt München
Umschlagmotiv: © plainpicture/Culture/JLPH
Wasserfarbenkleckse/-hintergründe: Shutterstock.com (Elina Li; Magnia)
Lektorat: Melanie Hartmann (Fürstenfeldbruck)
Layout und Satz: Satzwerk Huber, Germering
Druck und Bindung: CPI books GmbH, Leck
Printed in Germany
ISBN 978-3-466-31127-9

www.koesel.de

Dieses Buch ist auch als E-Book erhältlich.

Für Basti, Iara und Rafa.
Für Aidinha, Brigitte und Calú.
Für *Sophia*.

Inhalt

Einführung

Bevor ich Mutter wurde ... 10

Ein paar Begriffe vorab 13
Erziehung 13
Gewalt 14
Verhaltens- versus beziehungsorientiert 15
In Beziehung 16

Konflikte gehören zum Leben dazu 17

Teil 1 – Strafen schaden

Kinder sind soziale Wesen: Was Strafe übersieht 24
Kinder handeln für sich und nicht gegen andere 25
Warum Selbstbestimmung wichtig ist 28
Was Kinder aus Strafen lernen 33
Bildung braucht Bindung! 36

Gut gemeint ist nicht gut gemacht:
Warum Erwachsene Kinder bestrafen 44
Das Beste für das Kind 45
Pädagogen unter Druck 47
Strafen als erzieherische Maßnahme 49
Überforderung und Alternativlosigkeit 53

»Wie du mir, so ich dir«: Grundsätze der »schwarzen« Pädagogik ... 59
»Auge um Auge«: Schuldausgleich und Entschuldigung ... 60
Orientierung geben: Was Erwachsene sich von Strafen erhoffen ... 65
Zuckerbrot und Peitsche ... 68

Strafen und ihre Facetten: Was Strafen wirklich sind ... 72
Verhaltensmanipulation und Willkür: Bestrafung als »logische Konsequenz« ... 73
Formen von Strafen ... 78

Negative Folgen von Strafen ... 89
Strafen und ihre Mechanismen: Warum das Denken in Schuld destruktiv ist ... 91
Erwartungen und Gehorsam ... 94
Konsequenzen für die Beziehung ... 100

Teil 2 – Alternativen zur Strafe

»Ich will etwas anderes als du« – Was wir aus Konflikten lernen können ... 106
Trennende und verbindende Lösungswege ... 114
Verantwortung tragen stets die Erwachsenen ... 120

Die wahren Ursachen von Konflikten in Familie, Schule und Kita ... 122

Faule Kompromisse ... 126

Typische Konflikte in der Familie, in der Schule und in der Kita 131
Autonomiephase, »Wackelzahnpubertät« und Pubertät 138

Keine halben Sachen mehr: Von der Methode zur Haltung 147
Das Bild vom Kind 149
Veränderungsprozesse verstehen 154

Raus aus der Opferrolle und hinein in die Verantwortung! 159
Erwachsene setzen keine Grenzen, Grenzen sind da 162
»Unden« statt Symptombehandlung 166

Teil 3 – Handlungsalternativen für kritische Momente

Womit du sofort beginnen kannst: 28 Alternativen zur Strafe 174

Danksagung 188

Die 28 Alternativen zur Strafe zum Ausschneiden oder Kopieren 190

Anhang 199
Literaturverzeichnis 199
Anmerkungen 206
Hilfreiche Webseiten, Podcasts und Blogs 208

Einführung

»Es gibt keinen Weg
zum Frieden,
denn Frieden ist
der Weg.«

Mahatma Gandhi

Bevor ich Mutter wurde …

Bevor ich Mutter wurde, hatte ich eine verzerrte Idee davon, wie ich als Elternteil sein würde. Bildung und Familie waren schon damals wichtige Werte für mich. Meine Vorstellung von Bildung war allerdings eng mit Leistung und Schule verbunden, meine Idee von Familie stark von der Idylle in den Werbesendungen geprägt. Auch ich wollte eine Familie haben, die immer glücklich lachend gemeinsame Zeit am Frühstückstisch verbringt. Ich hatte bis dahin jedoch keine nennenswerten Erfahrungen mit Kindern, sie spielten in meinem Leben keine Rolle. Dennoch war auch ich überzeugt von dem allgemeinen, gesellschaftlichen Credo: Gute Eltern haben keine *tyrannischen* Kinder. Meine Kinder sollten erfolgreich werden, höflich sein und sich gut benehmen können, vor allem sollten sie nicht denselben Mangel erleiden wie ich als Kind. Dafür wollte ich als präsente und – falls nötig – strenge, wenngleich liebevolle Mutter sorgen.

Die gesellschaftliche Idealvorstellung von Familie – weit weg von autoritärer oder von antiautoritärer Erziehung – bediente in meiner Fantasie wunderbar die unbefriedigten Bedürfnisse meiner Kindheit: Hauptsache alles anders machen als meine Eltern und doch – ohne es groß zu hinterfragen – in dieselben Fallen tappen wie die Generationen zuvor. Mir war damals nicht bewusst, wie man Kinder zu einem »guten Benehmen« führt, und mir war auch nicht bewusst, wie wenig dieses angebliche Ziel mit mir und meinen tatsächlichen Wünschen und Bedürfnissen zu tun hatte. Schlimmer noch, ich hatte keine Ahnung davon, wer ich bin, was mich ausmacht, was mir wichtig ist und wie ich all diese Fragen beantworten könnte. Ich wusste zu jenem Zeitpunkt nicht einmal, dass ich all diese Fragen hatte, mir stellen würde und auch stellen müsste, um junge Menschen im Leben adäquat begleiten zu können.

Die wenigsten Menschen haben vorher eine reale Vorstellung davon, was es bedeutet, Mutter oder Vater zu sein, wie ratlos, verzweifelt, erschöpft und ausgelaugt man sich als Eltern gegenüber den alltäglichen Fragen im Zusammenleben mit Kindern fühlen kann. Auch ich hatte keine Ahnung davon, wie intensiv mich meine Kinder 24 Stunden am Tag, sieben Tage die Woche über Jahre hinweg brauchen würden. Ich lernte jedoch sehr schnell, wie grundlegend es ist, sich seiner eigenen Haltung bewusst zu werden und dass eine Erziehung, die *verhaltensorientiert* reagiert und mit Strafen arbeitet – das Kind soll mit seinem unerwünschten Verhalten sofort aufhören! –, uns von den Menschen, die wir am meisten lieben, zwangsläufig entfernt.

Kinder bewusst gewaltfrei und auf Augenhöhe begleiten – das wollen immer mehr Eltern und andere Erwachsene in begleitenden Berufen und Positionen, im Folgenden LernbegleiterInnen genannt. Als dreifache Mutter, Schulleiterin, aber auch als Trainerin, Beraterin und Coach mit einem *beziehungs-* und *bedürfnisorientierten* Ansatz sowie als Eltern-Bloggerin und Administratorin einer einschlägigen Elterngruppe in den sozialen Netzwerken stehe ich in regem Austausch mit zahlreichen Eltern und LernbegleiterInnen. Mich erreichen regelmäßig Nachrichten mit der Bitte um Unterstützung in Bezug auf konkrete Handlungsalternativen in der Begleitung von Kindern: Wie kann es gelingen, Kinder ohne Strafen und ähnliche erzieherische Maßnahmen zu begleiten, insbesondere auch im Kontext von Schule und Kita? Wie können Fachkräfte diesem Anspruch gerecht werden und Eltern ihren Kindern zur Seite stehen? Wie kann es gelingen, Kinder wertschätzend und auf Augenhöhe zu begleiten, ohne sich dabei selbst zu verlieren und in der Überforderung zu erstarren?

Erwachsene meinen oft, in alltäglichen Konfliktsituationen – beispielsweise, wenn sich Kinder dem Zähneputzen oder

der Erledigung der Hausaufgaben verweigern – nur mit Strafen und anderen erzieherischen Maßnahmen reagieren zu können. Dafür gibt es zahlreiche Gründe: Wir wissen zu wenig über die Entwicklungsetappen von Kindern, uns ist nicht bewusst, welche Folgen Strafen haben können, es fehlt uns an beziehungsorientierten Vorbildern und Handlungsalternativen. Vor allem aber fehlt es uns an Vertrauen: in die eigenen Kompetenzen, in die unserer Kinder und in unsere Beziehung.

Ich bewege mich heute täglich im Spannungsfeld von Schule und Familie. Mir ist dadurch bewusst, dass neben den Eltern gerade LernbegleiterInnen, insbesondere wenn sie einen beziehungsorientierten Weg gehen wollen, eine sehr exponierte und herausfordernde Aufgabe zu meistern haben. Wenn sie selbst (noch) keine Kinder haben, fehlt ihnen oft der Transformationsprozess der Elternschaft. Eltern bekommen sich und ihre eigene Kindheit ständig gespiegelt und wachsen mit den eigenen Kindern jeden Tag ein wenig mehr. Das kann ein theoretisches Studium oder die distanzierte Alltagspraxis im Beruf schwerlich bieten. LernbegleiterInnen werden von jetzt auf gleich mit all den Themen anderer Familien konfrontiert, was in einem institutionellen Umfeld in besonderem Maße ein bewusstes, systemisches und reflektiertes Denken erfordert.

In diesem Buch soll es genau darum gehen: Warum schaden Strafen und welche verbindenden Alternativen gibt es für Eltern und LernbegleiterInnen? Als Mutter, aber vor allem durch mein berufliches und ehrenamtliches Engagement im Rahmen meines gemeinnützigen Vereins Madrina Sophia e. V. und der APEGO-Schule und -Kita Berlin weiß ich um die Herausforderungen und den Schmerz im Alltag mit Kindern. Ich gehe in den folgenden Kapiteln dieses Buches auf die Lebensrealität sowohl in Familie als auch in Schule und Kita gleichermaßen ein, sodass ich neben den Eltern auch LernbegleiterInnen mit einem »Koffer voller Werkzeug« unterstützen kann.

Ein paar Begriffe vorab

Erziehung

… nach der meiner Arbeit zugrunde liegenden Definition ist die bewusste Formung eines (jungen) Menschen in eine von Eltern, Pädagogen oder anderen Erwachsenen für richtig befundene Richtung. Diese Richtung wird in einem bestimmten Kontext unter ganz individuellen Voraussetzungen aufgrund gemeinsamer Wertvorstellungen, Zielen und Normen innerhalb einer Gesellschaft, einer Familie oder anderen Gruppen bestimmt.

Erziehung hat eine konkrete Vorstellung davon, was sein soll und sein muss. Um das Erziehungsziel zu erreichen, bedient sich der Erziehende verschiedener Methoden, die auf eine unmittelbare oder langfristige Verhaltensformung und -änderung zielt. Hier zählt primär das angestrebte Ergebnis, auch wenn auf einen vermeintlich liebevollen Weg geachtet wird und die Ziele mit den besten Absichten verfolgt werden. Das Kind wird durch Erziehung zum Objekt degradiert.

Durch erzieherische Handlungen verliert der Erziehende die Chance, das Kind wahrhaftig kennenzulernen, denn Erziehung fokussiert stets das Verhalten und nicht den einzigartigen Menschen mit seinen Bedürfnissen. Die Entwicklung und freie Entfaltung des Kindes wird gehemmt und verhindert. Der Erwachsenen-Kind-Beziehung wird nachhaltig geschadet.

Erziehung ist willkürlich und steht einer gleichwürdigen Beziehung zwischen zwei Menschen unterschiedlichen Alters sowie einer Begleitung von Kindern auf Augenhöhe im Weg.

Gewalt

… wird verstanden als alle einwirkenden Kräfte, Maßnahmen, Vorgänge und Handlungen, die den Menschen verändern, beeinflussen und schädigen. Erziehung als die bewusste Formung eines Menschen in eine von jemand anderem für richtig befundene Richtung fällt unter diese Definition. Auch wenn Erziehung in ihrer Umsetzung und Ausprägung sehr unterschiedlich ausfallen mag, begünstigt die dahinterstehende Haltung stets Machtmissbrauch durch Erwachsene.

Um einen Menschen zu erziehen, bedient sich der Erziehende (oft unhinterfragt, unbewusst und mitunter gesellschaftlich forciert) erzieherischer Methoden, die gewaltvoll sind. (Körperliche) Strafen, Drohungen und Erpressungen sind ebenso Formen der körperlichen, emotionalen oder seelischen Gewalt wie Manipulation und Fremdbestimmung, das Setzen willkürlicher Grenzen oder das bewusste Ignorieren eines Menschen. Ausgeprägte Formen werden in der Regel gesamtgesellschaftlich als Gewalt verstanden, während andere oft so subtil daherkommen, dass sie ohne entsprechende Sensibilisierung aufgrund ihrer strukturellen Verstrickung nicht als Gewalt erkannt werden. Schlimmer noch, wir halten ihren Einsatz für genauso selbstverständlich und unabdingbar, wie einst die Prügelstrafe.

Gewalt umfasst ein breites Spektrum, wobei die schädliche Auswirkung der Handlung und Haltung maßgeblich ist, nicht der Abgleich zu anderen Formen der Gewalt.

Kinder als gleichwürdige Menschen zu begreifen und anzuerkennen, dass Ihre Würde unantastbar ist, lässt sich nicht mit ihrer Degradierung zum Objekt und der Anwendung erzieherischer Methoden vereinbaren. Die gewaltfreie Erziehung ist ein Oxymoron.

Verhaltens- versus beziehungsorientiert

… verdeutlicht den Paradigmenwechsel von Erziehung zur Beziehungsfähigkeit.

Der Alltag in Familie, Schule oder Kita birgt vielfältige Herausforderungen im zwischenmenschlichen Umgang zwischen Erwachsenen und Kindern. Wir sind darauf konditioniert, für ein konkretes Problem nach einer sofortigen und einfach umzusetzenden Lösung zu suchen. Dabei fokussieren wir uns auf das scheinbar Naheliegende: Das Verhalten. Und wir agieren entsprechend.

Beim verhaltensorientierten Handeln geht es um Funktionalität. Ich achte auf das Verhalten des Kindes und will, dass es sich »normgerecht« verhält. Der Alltag soll funktionieren und möglichst kontrollierbar sein, meine langfristige Erziehungsziele sollen erreicht werden. Die Lösung für ein Problem wird am Kind gesucht. Es wird geformt.

Bin ich hingegen auf Beziehung bedacht, fokussiere ich mich auf Verbindung. Dies gelingt nur, wenn ich wirklich an meinem Kind interessiert bin und das Bedürfnis hinter seinem Verhalten sehen will. Wichtig für die Lösung des Problems ist nicht das Symptom, welches sich durch ein Verhalten ausdrückt, sondern die Ursache, welche ihm zugrunde liegt. Dabei entscheide ich mich, meinem Kind mit Neugier und Wohlwollen zu begegnen und so bestimmte Handlungsmuster aufzubrechen. Eine Methode oder sofort wirksame Maßnahme kann dies nicht bieten. Die Entscheidung für Beziehung ist vor allem Arbeit an sich selbst und eine Frage der inneren Haltung.

In Beziehung

… zu gehen und in Verbindung zu bleiben, setzt ehrliches Interesse am Gegenüber voraus. Die Wege, die zum Verzicht auf Erziehung führen, sind dabei sehr unterschiedlich. Vertrauen in sich selbst und das Kind bildet dabei das Fundament. Wir benötigen jedoch auch verschiedene Kompetenzen, um in Beziehung zu agieren: Die Fähigkeit, uns in andere Menschen einzufühlen und dadurch adäquat auf sie reagieren zu können. Dies wiederum bedingt die Fähigkeit, sich unvoreingenommen mit neuen Situationen auseinanderzusetzen und sich auf andere Menschen einzulassen. Es fordert unsere Fähigkeit, Widersprüche auszuhalten und ein hohes Maß an Frustrationstoleranz. In Beziehung zu sein, heißt somit auch, Konflikte auszuhalten, fair zu streiten (mit dem Bewusstsein über Machtgefälle sowie Rücksichtnahme) und aktiv zu einer Lösung des Konfliktes beizutragen. Es bedeutet, sich flexibel auf jedes Kind in seiner Einzigartigkeit einzulassen und sich nicht an Erziehungsmethoden, Glaubensmustern oder Funktionalitäten zu orientieren. Authentizität und die Auseinandersetzung mit sich selbst sind dabei unerlässlich. Wer nur eine Rolle erfüllt und mit sich selbst nicht in Verbindung steht, wird es schwer haben, in Beziehung zu gehen.

Wenn Erziehung wegfällt, hat Beziehung Platz. Beziehung verstanden als das Erfahren-Wollen, wer der Mensch vor uns ist und was diesen bewegt. Es ist eine Haltung geprägt von Neugier, Interesse und Respekt.

Dieses Buch bietet keine Erziehungsmethoden, -konzepte oder -tricks. Bei der Begleitung von Kindern auf Augenhöhe geht es um Haltung, Selbstreflexion und um ein Weltbild, das von einem wohlwollenden Blick auf das gesamte Kind geprägt ist. Wir suchen nach kooperativen Problemlösungen, bei denen der Erwachsene seine Verantwortung für die Beziehungsqualität in der Erwachsenen-Kind-Beziehung wirklich wahrnimmt.

Mein Hauptanliegen in diesem Buch ist es, den Kindern Gehör zu verschaffen. Sie haben das Recht auf einen gewaltfreien Umgang sowie auf ein selbstbestimmtes Leben und Lernen. Möge dieses Buch daher dazu beitragen, Kinder als gleichwürdige und gleichberechtigte Menschen zu begreifen sowie ihnen auf Augenhöhe zu begegnen. Ich bin davon überzeugt, dass ein respektvoller Umgang mit Kindern der Weg zum Frieden ist.

Konflikte gehören zum Leben dazu

Ein Familienleben in Harmonie – das ist der Wunsch und die Vorstellung vieler Eltern. Wir alle wollen uns mit unseren Lieben verbunden fühlen, wollen die Sicherheit und Geborgenheit unserer Familien spüren und vor allem zu Hause Entspannung und Autonomie erfahren. Das sind Bedürfnisse, die wir Menschen alle gemeinsam haben, egal ob jung oder alt, und die wir uns mit der Entscheidung für Familie meist zu erfüllen hoffen. Manchmal glauben wir auch, dass wir, um dieses Ziel zu erreichen, Konflikte möglichst vermeiden müssten.

Aber da, wo Menschen zusammenleben und miteinander agieren, wird es auch Konflikte geben. Die Wunschvorstellung eines stets harmonischen Familienlebens muss zwangsläufig enttäuscht werden.

Dies ist in Schule oder Kindergarten nicht anders als innerhalb von Familien, ja hier wird das Konfliktpotenzial noch durch die Vielzahl unterschiedlicher Menschen mit verschiedenen Erwartungen verstärkt.

Auch an unserer Schule wird der beziehungsorientierte Ansatz mitunter missverstanden: Manchmal wollen Eltern Veränderung und hinterfragen die Regelschule, können jedoch die Idee von einer »romantischen Kindheit«, bei der sich Kinder gesellschaftskonform verhalten und immer produktiv, möglichst nahe an der Natur beschäftigen, nicht loslassen. Ihre Kinder sollen frei sein und selbstbestimmt leben und lernen, doch fällt es den meisten Erwachsenen sehr schwer es auszuhalten, wenn ihre Kinder die ihnen gegebene Freiheit auch nutzen und womöglich Entscheidungen treffen, die sie nicht unbedingt gutheißen.

Eltern, aber auch LernbegleiterInnen, wollen zwar nicht auf strafende, lobende oder manipulierende Maßnahmen zurückgreifen, streben dennoch ähnliche Lernziele an und dies zumeist in möglichst demselben Tempo wie dem einer Regelschule. Sie wollen es anders machen, zugleich aber nicht das Altbekannte loslassen. Spätestens wenn Kinder untereinander in Konflikt geraten, zunächst kein offensichtliches Interesse an klassischen Fähigkeiten wie Lesen und Schreiben zeigen oder sich gar intensiv mit digitalen Medien in einem selbstbestimmten Umfeld beschäftigen und nach erwachsenem Maßstab scheinbar »in den Tag hineinleben«, werden die meisten Erwachsenen unruhig. Das liegt zumeist daran, dass sie ihre Vorstellungen, wie die Erziehung eines später erfolgreichen Menschen aussehen sollte, nicht aufgeben wollen, sondern lediglich die »Kollateralschäden« von erzieherischen Maßnahmen wie Strafen ablehnen. Auch das führt unweigerlich zu Konflikten.

Manchmal gehen wir Konflikten aus dem Weg und leben in einer Art Scheinharmonie. Der Konflikt tritt nicht an die Oberfläche und doch ist er da und übt Einfluss auf uns, unser Leben sowie auf andere Menschen um uns herum aus. Konflikte sind normal, oft nicht zu verhindern, mitunter anstrengend, aber auch bereichernd, wenn wir lernen, mit ihnen konstruktiv sowie miteinander respektvoll umzugehen. Es ist wichtig, dass wir innerhalb unserer Familien, aber auch in Institutionen wie Schulen oder Kitas eine Streitkultur etablieren, die von Wertschätzung und Gleichwürdigkeit geprägt ist, denn – so zeigt es mir die Erfahrung immer wieder – Konflikte sind auch der Motor für Wachstum und Entwicklung.

Nicht jede Auseinandersetzung und Meinungsverschiedenheit entwickelt sich zu einem anstrengenden Streit, vor allem dann nicht, wenn es uns gelingt, auf Unterschiede mit Neugier und Offenheit zu reagieren sowie mit Differenzen konstruktiv umzugehen. Wir alle haben unterschiedliche Wahrnehmungen derselben Sache, aber auch verschiedene Werte, Strategien, Wünsche, Erfahrungen, Vorstellungen und Ziele. Das macht allerdings noch keinen Konflikt aus.

Innerhalb von Familien, Schulen und Kitas, insbesondere in der Erwachsenen-Kind-Beziehung, entstehen Konflikte immer dann, wenn scheinbar unterschiedliche Bedürfnisse aufeinandertreffen. Dabei sind es unsere Strategien, diese zu erfüllen, die in Konflikt zueinanderstehen.[1] Es gelingt uns nicht immer, die Bedürfnisse aller Beteiligten zu berücksichtigen oder zunächst einmal überhaupt zu erkennen, sowie adäquate Strategien für sie zu erarbeiten. Und so versuchen wir Konflikte mitunter auf destruktive Weise zu lösen. Dies ist insbesondere dann der Fall, wenn wir beginnen zu strafen, zu manipulieren, zu erpressen oder zu belohnen, oder wenn wir versuchen, den Konflikt gleich im Keim zu ersticken. Dadurch lassen wir die eigentliche Ursache des Konflikts außer Acht. Es entsteht in der Folge meist ein Teufelskreis, den Kinder nicht mehr verlassen können und aus dem auch wir Erwachsenen oft keinen Ausweg wissen. Dadurch verfestigen und vergrößern sich die Probleme.

Wir können das Verhalten unserer Kinder oder anderer nicht verändern, ohne Gewalt auszuüben. Wir haben auf viele Dinge und Situationen um uns herum keinen direkten Einfluss. Aber wir können entscheiden, wie wir darauf reagieren wollen, und daran arbeiten, dieses Ziel zu erreichen.

Ähnlich destruktiv verhält es sich nämlich, wenn wir versuchen, Probleme zu überspielen und die Auseinandersetzung mit ihnen aufzuschieben, in der Hoffnung, diese lösten sich dann von allein auf oder eskalierten zumindest nicht. Konflikte verschwinden jedoch nicht einfach von allein. Sie zu vermeiden oder immer wieder mit Macht zu unterdrücken, bedeutet nicht Harmonie, sondern stört diese. Unser Gegenüber – das Kind – wird in der Folge nämlich entweder vor vollendete Tatsachen gestellt (wenn wir den Konflikt einseitig zu unseren Gunsten »gelöst« haben) oder aber früher oder später mit der ganzen Wucht unserer Frustration konfrontiert (wenn wir unsere Bedürfnisse in diesem Konflikt vorher zu lange unterdrückt haben). Es ist daher wünschenswert, dass wir lernen, den Ursachen von Konflikten auf den Grund zu gehen, und dass wir aufhören, am Verhalten von Kindern herumzudoktern, dieses in den Fokus zu stellen oder – schlimmer noch – die Kinder zur Ursache zu erklären.

Die Beziehung zu unseren Kindern und zu uns selbst ist – sofern wir uns dessen nicht bewusst sind und es nicht »bearbeitet haben« – in der Regel davon geprägt, wie wir einst selbst in Beziehung zu unseren Eltern standen. Es sind die vielen kleinen und großen Verletzungen und sogar Traumata, die wir selbst in unserer Kindheit erfahren haben, die in uns schmerzen und die der Verbindung zu unseren Kindern im Weg stehen. Es sind die vielen verinnerlichten Glaubenssätze, die unser Bild von Kindern, von einer vermeintlich adäquaten Erwachsenen-Kind-Beziehung sowie von uns selbst prägen. Es sind diese unbewussten, aber tief verankerten Dinge, die in uns Widerstand hervorrufen und uns den Blick auf unsere wahren Bedürfnisse verstellen. Genau deswegen ist es mit »Vertrau doch auf dein Bauchgefühl« oft nicht getan. Manchmal ist dies sogar eine ziemlich fahrlässige Empfehlung im Umgang mit Konflikten.

Unsere Gefühle zu unterdrücken, »uns zu beherrschen und zusammenzureißen« ergibt dabei genauso wenig Sinn. Wichtig ist, zu erfahren, wie wir Konfliktsituationen, aber auch ihre Anbahnung sowie ihre wahren Ursachen erkennen und diese analysieren können. Dann lernen wir nämlich auch, unser eigenes Verhalten selbst zu bestimmen und uns nicht von unreflektierten Impulsen und Glaubenssätzen steuern zu lassen. Auf diese Art und Weise können wir verhindern, dass Konflikte andauern und sich verfestigen.

Daneben ermöglichen wir uns und unseren – beziehungsweise den uns anvertrauten – Kindern persönliche Weiterentwicklung und geben uns allen die Chance, an den Konflikten, die so oder so kommen werden, zu wachsen. Sie können nämlich auch Wendepunkte für ein besseres Miteinander sein! Genau diese Sicht auf Konflikte lässt es zu, dass wir uns von der Vorstellung verabschieden, uns für Disharmonie in der Familie und in Institutionen schämen zu müssen. Scham bindet nur unnötig Energie, die wir an anderer Stelle sinnvoller einsetzen könnten: z. B. bei der Suche nach Lösungen, wie wir Überforderung und Hilflosigkeit in solchen Situationen künftig vermeiden.

Der erste Schritt auf dem Weg zu einer beziehungsorientierten Lösung von Konflikten innerhalb der Familie oder innerhalb von Einrichtungen wie Schulen oder Kitas, fernab von Strafen und anderen entwürdigenden Erziehungsmaßnahmen, ist also zunächst, uns selbst zu hinterfragen, mit welcher Haltung wir Konflikte betrachten und somit letztlich auch begegnen. Es kommt immer auf *unseren* Blick auf Streit an. Empfinden wir ihn als nervig, gemein, überflüssig und schmerzvoll? Oder aber als klärend, wichtig, erforderlich und normal – vielleicht sogar als großartige Chance, unser Gegenüber kennenzulernen?

Konflikte sind immer nur die Spitze des Eisbergs. Unsere Aufgabe als Eltern oder LernbegleiterInnen ist, zu erfahren, was sich unter der Wasseroberfläche in den unteren zwei Dritteln des Eisbergs verbirgt. Nur so finden wir den Weg zu einer wertschätzenden Konfliktlösung, die die Beziehungen innerhalb einer Gemeinschaft stärkt.

TEIL 1

Strafen schaden

»Gewalt ist der tragische Ausdruck eines unerfüllten Bedürfnisses.«

Marshall B. Rosenberg

Kinder sind soziale Wesen: Was Strafe übersieht

Unser Wohlergehen hängt im Wesentlichen von der Qualität unserer Beziehungen zueinander ab, denn wir sind soziale Wesen. Das gilt für Menschen jeden Alters, je jünger, desto mehr.

Wir als Eltern, aber auch die LernbegleiterInnen in Schulen und Kitas, sind in der Pflicht, Kinder von Anfang an in ihrer Einzigartigkeit zu respektieren und so anzunehmen, wie sie sind. Diese *»große Aufgabe«* – wie Remo H. Largo sie beschreibt[2] – erfordert Geduld mit und Achtung vor dem Kind sowie eine empathische, wohlwollende und offene Grundhaltung. Soziale Wesen brauchen Raum für soziales Lernen durch Interaktion, Ausprobieren und Resonanz. Leider bietet die Lebensrealität vieler Familien und Schulen nicht den notwendigen Rahmen dazu. Hier wird oft erwartet, dass Kinder »funktionieren« und dass Kinder gleichen Alters das Gleiche können.

Strafen resultieren aus der Erwartung, junge Menschen mögen sich anpassen und möglichst im vorzufindenden System »mitlaufen«. Die Natur der Kinder ist es jedoch, ihre Welt neugierig zu hinterfragen und dadurch ganz selbstverständlich die eigene Entwicklung anzuregen.[3] Nicht das Kind sollte in der Familie mitlaufen und auf die Schule vorbereitet werden – es sind die Erwachsenen, die sich in Flexibilität üben müssen: Jedes neue Kind bringt Bewegung ins Familiensystem, und es sind wir Eltern, die den nötigen Rahmen schaffen müssen, damit sich jedes einzelne Kind entfalten kann. Auch die Schule muss sich auf die Befindlichkeiten der Kinder einstellen. Hier ist ein Umdenken ganz dringend gefragt. Schule muss ein Ort sein, an dem jede/r »sie/er selbst« sein darf und sich aus der Umgebung das aussuchen kann, was zu ihrer/seiner eigenen Entwicklung nötig ist.[4] Strafen unterdrücken die kindliche Natur und verhindern unser aller Wachstum.

Beim Verzicht auf Strafen und deren Mechanismen geht es jedoch mitnichten darum, dem Kind alles zu »erlauben«, sondern darum, sich zu hinterfragen, Bedürfnisse zu erkennen, eine Ja-Umgebung zu schaffen, Dinge – soweit es geht – möglich zu machen und an der eigenen Flexibilität zu arbeiten, anstatt diese dem Kind abzuverlangen. Kreative Lösungen und vor allem eine zugewandte Begleitung der legitimen Frustration des Kindes, indem wir diese annehmen und »aushalten«, sind gefragt. Es ist die Aufgabe der Kinder, ihre Welt infrage zu stellen und Neues zu erschaffen. Wir sollten ihnen dabei nicht im Weg stehen.

Kinder handeln für sich und nicht gegen andere

Wut, Ärger und Zorn sind Gefühle, mit denen wir Menschen – insbesondere wir Eltern und LernbegleiterInnen – oft konfrontiert werden. Sei es, weil wir selbst Wut empfinden oder weil unsere oder die uns anvertrauten Kinder wütend werden. Das Verhalten unserer Kinder treibt uns nicht selten zur Weißglut, und offenbar geht es unseren Kindern mit uns nicht anders. Oft sehen Erwachsene die Gründe für ihre eigene Wut im Verhalten eines Kindes. Sie machen es für ihre negativen Gefühle verantwortlich und werten das Kind dabei unweigerlich ab.

Nach Marshall B. Rosenberg und seiner gewaltfreien Kommunikation ist aber das Verhalten des Kindes nur der *Auslöser* für unsere Wut. Die wahre *Ursache* liegt tiefer, und zwar in unserer Bewertung dieses Verhaltens. Entwertungen lassen keine Verbindung zu und distanzieren die Menschen voneinander. Kooperation, auf die sowohl wir als auch unsere Kinder so dringend angewiesen sind, findet höchstens aus Angst,

Scham oder Schuld statt. Dabei ist vor allem die Motivation, aus der etwas entspringt, so wichtig für eine gesunde Beziehung und Entwicklung – nicht nur, dass etwas Bestimmtes getan oder unterlassen wird.

Einzig unsere wertenden Gedanken, oft entsprungen aus falschen Erwartungen und Unkenntnis, machen uns wütend. Es sind die negativ urteilenden Bilder über Kinder, uns selbst und andere, die uns schnell in Wut und Ärger verfallen lassen. Liebevolle Bilder hingegen führen zu Empathie.[5]

Wenn ich also denke, dass mein Kind ein kleiner Tyrann ist und mir das Leben schwer machen will, werde ich wütend reagieren. Denke ich aber, dass mein Kind Kontakt sucht, womöglich in Not ist, sich nicht anders auszudrücken weiß, in einer emotional schwierigen Entwicklungsphase steckt und nicht *gegen mich* handelt, sondern *für sich*, kann ich empathisch reagieren, mich einfühlen und mich mit dem Kind »verbinden«. Ich kann mich dann auf die Bedürfnisse hinter dem Verhalten meines Kindes fokussieren.

Das Verhalten unserer Kinder kann also niemals Ursache unserer Wut sein, es kann diese höchstens auslösen. Viele Menschen tendieren dazu, den Auslöser ihrer Wut, also das Verhalten des Kindes, bekämpfen zu wollen und betreiben Symptombehandlung. Der Ruf nach dem Setzen von Grenzen, nach konsequenter Erziehung und Maßregelung ist Ausdruck dessen. Dabei ist das Setzen von Grenzen in der Regel gleichbedeutend mit: »Ich erwarte Gehorsam!« Das Kind wird abgewertet und zum Schuldigen erklärt. Die Lösung für das Problem wird dabei nur beim Kind gesucht. Diese Haltung ist Gift für jede Beziehung, insbesondere für diejenige zwischen Eltern und ihren Kindern.

Wenn mein Gegenüber nicht das tut, was ich will, kann dies verschiedene Ursachen haben:

- Ich erwarte zu viel und berücksichtige die Fähigkeiten und Möglichkeiten meines Gegenübers nicht. Ich verhalte mich nicht respektvoll.
- Ich verhalte mich übergriffig und mein Gegenüber wehrt sich, weil es versucht, seine Integrität zu wahren.
- Meine Aussage ist unklar, weil ich zum Beispiel um etwas bitte, aber kein Nein dulde, da ich eigentlich etwas befehlen möchte. Oder ich sage nicht, was zu tun, sondern was zu unterlassen ist und formuliere dazu »Nicht-Sätze«.
- Mein Gegenüber kann meiner Aufforderung aus verschiedenen Gründen nicht Folge leisten. Diese können sein: Es versteht nicht, was ich will, seine Integrität erscheint ihm gefährdet, eine Folgeleistung würde seine Bedürfnisse konterkarieren, es reagiert auf den Druck mit Gegendruck, es fühlt sich nicht gesehen.
- Eine häufige Ursache bei einem Kind ist schlicht: Es hat bereits zu viel kooperiert.

Indem ich Folgsamkeit erwarte und ein Kind bei Nichterfüllung bestrafe, sage ich zugleich, dass die Gefühle des Kindes nicht in Ordnung sind:

»Nicht nur, was du machst, ist falsch, auch deine Bedürfnisse sind falsch.«

Die Botschaft, die dann beim Kind ankommt, ist: Du selbst bist nicht in Ordnung.

Etwas anderes aber ist es, wenn ich sage:

»Ich bin überfordert und werde selbst von meinen Gefühlen überrannt. Ich kann gerade nicht über meinen Schatten springen oder es gibt triftige Gründe, warum es nicht möglich

ist (zum Beispiel zu wenig Ressourcen), aber ich sehe dich und bin für dich da, weil deine Gefühle okay sind, weil du okay bist und weil du mir wichtig bist.«

Unsere Aufgabe in der Begleitung junger Menschen ist es nicht, Dinge gegen Kinder durchzusetzen, sondern uns authentisch mit unseren Wünschen, Bedürfnissen, Sorgen und auch mit unserer Unwissenheit oder Verunsicherung zu zeigen. Erst Verletzlichkeit ermöglicht empathische Führung, die Orientierung und Halt gibt. Dafür ist kein Missbrauch von Macht durch Strafen und eine Erziehung zum Gehorsam notwendig.

Durch Strafen fühlen sich junge Menschen nicht gesehen. Bedürfnisse bleiben unerfüllt. All das führt beim Kind nicht selten erneut zu einer aggressiven, wütenden Reaktion, hinter der sich in der Regel Trauer und Verzweiflung verstecken. Diese Gefühle wiederum weisen auf seine Bedürfnisse nach Autonomie, Anerkennung, Wertschätzung, Akzeptanz und letztlich auch Liebe, Geborgenheit und Zugehörigkeit hin.[6]

Warum Selbstbestimmung wichtig ist

Unsere Kinder sind in jeglicher Hinsicht – über einen langen Zeitraum hinweg – von uns Eltern abhängig. Sie brauchen uns, um zu existieren, sind uns regelrecht ausgeliefert, und vor allem vertrauen und lieben sie uns. Zugleich sind sie aber auch Menschen und somit Subjekte wie du und ich. Das Subjekt definiert sich im Erkennen des Selbst und im Bestimmen über sich:

»Ich bin ein eigenständiger Mensch und entscheide über mich!«

Wir werden beim Begleiten junger Menschen demnach mit zwei wesentlichen Bedürfnissen konfrontiert: Kinder wollen sich zugehörig fühlen und zugleich autonom über sich bestimmen.[7]

Die Selbstständigkeit ihrer Kinder ist für viele Eltern ein wichtiges Erziehungsziel. Allerdings ist vielen an dieser Stelle nicht klar, dass Selbstständigkeit und Autonomie (= Selbstbestimmung) nicht voneinander zu trennen sind. Ein autonomer Mensch ist unabhängig, selbstständig und innerlich frei. Er ist sich seiner Werte und Fähigkeiten bewusst und kann dadurch selbstwirksam und selbstbestimmt handeln. Vor allem aber ist ein solcher Mensch nicht auf die Bewertung und Anerkennung anderer angewiesen. Er kann zu sich und seiner eigenen Meinung stehen, hat seinen inneren Kompass und kann sich darauf verlassen.

Fremdbestimmung hingegen schafft einen Abstand zwischen der bestimmenden Person, dem Erwachsenen, und dem Objekt, das sie steuert, dem Kind. Das ist eine hierarchische, auf Abhängigkeit und Zwang basierende Beziehung, keine gleichwürdige Beziehung auf Augenhöhe. In ihr kann kein Wir-Gefühl entstehen. Eines von zwei wesentlichen Bedürfnissen des Kindes – sich zugehörig fühlen zu können – wird nicht erfüllt.

Auch das andere Bedürfnis des Kindes – das nach einem selbstbestimmten Leben – bleibt in einer hierarchischen Beziehung, in der das Kind durch andere reguliert wird, unerfüllt. Je stärker ein Kind reguliert und durch Strafen und Belohnung konditioniert wird, umso mehr wird es langfristig von solchen Maßnahmen abhängig sein und bleiben. Es entwickelt keinen inneren Kompass und ist dauerhaft auf die Steuerung von außen angewiesen. Fällt die Regulation durch die Bezugspersonen weg und hat das Kind seinen inneren

Kompass nicht durch Erfahren und Erleben ausbilden können, so ist es nun ungeschützt und unerfahren seiner Umwelt ausgeliefert. Exzesse sind oft die Folge. Es wird sich als Erwachsener andere Regulatoren suchen, fremdbestimmt bleiben oder aber den schmerzhaften Weg des Erkennens und Aufarbeitens gehen müssen. Autonomie ist ein Grundbedürfnis aller Menschen. Bleibt es dauerhaft unerfüllt, führt es zwangsläufig zu Leid.

Viele Eltern regulieren ihre Kinder, indem sie Angst schüren – »Wenn du Zucker isst, essen die Kariesmonster deine Zähne auf!« –, ihnen drohen – »Wenn du nicht sofort deinen Computer ausmachst, dann kannst du was erleben!« –, sie erpressen – »Wenn du eine Gute-Nacht-Geschichte hören willst, dann musst du jetzt schlafen gehen!« – oder sie manipulieren – »Prinzessinnen gehen nicht ins Bett, ohne zu baden!«.

In solchen Situationen denken wir auch oft Sätze wie: »Würde ich mein Kind lassen, würde es den ganzen Tag am Tablet spielen oder sich nur noch von Süßigkeiten ernähren«. Wir sind davon überzeugt, unsere Kinder durch Regulation und Bestrafungen vor größerem Schaden schützen zu müssen und behaupten – auch in der Argumentation den Kindern gegenüber –, nur das Beste für sie zu wollen. Dadurch übergeben wir – meist unbewusst – unseren Kindern auch noch die Last der emotionalen Verantwortung. Die Kinder fühlen sich mit ihren Wünschen und Bedürfnissen falsch und schämen sich dafür. Ihr Vertrauen in sich sowie in die Richtigkeit ihrer Bedürfnisse wird stark und nachhaltig erschüttert. So steigt die Wahrscheinlichkeit, dass sie zu Erwachsenen werden, die sich nicht richtig spüren, die eigenen Bedürfnisse nicht kennen und nicht wissen, was sie können und vom Leben wollen.

Fremdbestimmte Kinder fühlen sich bevormundet und somit nicht ernst genommen. Fremdbestimmung ist Zwang, ausgeübt in einem Abhängigkeitsverhältnis, und somit auch

Machtmissbrauch.[8] Der Zwang erzeugt Druck, unter dem die Kinder leiden und auf den sie mit Widerstand reagieren.

Die wichtigste Bedingung für Autonomie ist Vertrauen. Unsere Kinder brauchen unser Vertrauen, um sich selbst vertrauen zu können. Erst Selbstvertrauen ermöglicht ihnen, unabhängig und selbstständig zu werden – etwas, das sich doch eigentlich alle Eltern für ihre Kinder wünschen. Nur leider gehen hier viele Eltern den falschen Weg, indem sie ihren Kindern die Erfüllung bestimmter Bedürfnisse nicht zugestehen und sie ihrer Selbstbestimmung berauben. Um selbstständig und autonom zu werden, müssen Kinder sich von ihren Eltern lösen dürfen und eigene Erfahrungen machen – das meint auch, Entscheidungen zu treffen, die von denen der Erwachsenen abweichen. Selbstbestimmt, begleitet und in ihrem eigenen Tempo! – lautet die Devise.

Ein Baby, welches seine Bedürfnisse von Anfang an erfüllt sieht, gewinnt Selbstvertrauen in seine eigenen Kompetenzen. Das bedeutet konkret: Es weint und meldet der Bezugsperson ein Bedürfnis. Diese Person erfüllt sein Bedürfnis nach Nähe, Nahrung etc. oder sie hilft dem Kind, sich zu beruhigen, indem sie es trägt, mit ihm kuschelt oder es stillt. Das Baby kann also bereits hier Selbstwirksamkeit erfahren, weil es die Erfahrung macht, dass sein Weinen oder Schreien, seine einzige Möglichkeit, ein Bedürfnis anzumelden, gehört wird.

Anders verhält es sich bei einem Kind, welches nicht nach seinem Bedürfnis, sondern nach der Uhr genährt wird, welches sich in den Schlaf weinen muss oder in der Autonomiephase künstliche Einschränkungen erfährt und mit seinem Frust allein gelassen wird. Dieses Kind lernt, dass seine Wünsche und Bedürfnisse nicht in Ordnung sind und es selbst somit auch nicht in Ordnung ist. Es findet keine *Co-Regulation* im Sinne von Begleitung und Hilfestellung statt. Die Signale des Kindes werden nicht erhört und seine Selbstwirksamkeit wird untergraben. Die Bedürfnisse des Kindes werden durch die Bezugsperson reguliert. Ein *Entwicklungstrauma* nimmt seinen Lauf.

Erst die Fremdregulation, der Eingriff von außen, führt also zu einem Ungleichgewicht im zuvor gesunden System. Dies wiederum erzeugt Abhängigkeit. Diese Abhängigkeit führt oft zu noch mehr Fremdbestimmung und Fremdregulation. Ein Teufelskreis entsteht, in dem Strafen scheinbar unumgänglich sind.

In der Praxis äußert sich das dann so: Ein Kind, das täglich um 19 Uhr ins Bett muss, wird beim plötzlichen Wegfall dieses Zwanges alles in seiner Macht Stehende tun, um diesen einen Moment der Autonomie möglichst intensiv auskosten zu können. Ebenso wird ein Kind, das nach langer Fremdregulierung frei darüber entscheiden darf, was es isst, erst einmal misstrauisch sein, ob diese Freiheit nicht doch noch Einschränkungen erfährt. Es muss sich sowie die Reaktionen seines Körpers auf die selbstgewählte Nahrung erst einmal kennenlernen. Vermutlich wird es auf dem Weg dahin nicht nur einmal die eigenen Grenzen missachten, also das für sich Falsche oder zu viel essen. Solche Kinder brauchen dann umso mehr Begleitung durch kreative und flexible Erwachsene, die ihnen helfen, wieder in ihr eigenes Gleichgewicht zu kommen und Selbstvertrauen aufzubauen. Es geht nicht darum, sie sich selbst und der Situation zu überlassen.

Auf der anderen Seite sind selbstbestimmte und selbstregulierte Kinder durchaus eine Herausforderung für uns Eltern. Oft bedeutet das für uns, dass wir uns unserer Glaubenssätze bewusst werden und diese hinterfragen müssen. Mehr noch, es verlangt von uns nicht selten, dass wir unsere Werte überdenken, klar benennen und diese ganz bewusst vorleben, gleichzeitig aber womöglich gegenteilige Entscheidungen unserer Kinder respektieren und aushalten. Selbstbestimmung unterliegt nämlich einzig und allein den Maßstäben des Selbst und erfüllt keine gesellschaftlichen Normen oder anerzogenen Vorstellungen.

Fremdbestimmung hingegen lässt keine persönliche Entwicklung zu und hält den Menschen in Abhängigkeit, es sei denn, er wendet sich gänzlich von den Faktoren, die ihn limitieren – Elternhaus, Schule, einzelne Lehrer, Kita – ab. Ein kleines Kind kann sich von seinen Hauptbezugspersonen zunächst nicht lösen, also wendet es sich von sich selbst ab, was schwerwiegende Folgen für sein gesamtes Leben hat. Es verliert den Kontakt zu sich selbst. Jugendliche hingegen brechen oft regelrecht aus. LernbegleiterInnen in Schulen und Kitas erleben dann, dass sie bei Druckausübung abgelehnt werden und zu einigen Kindern keine Beziehung aufbauen können.

Wenn Erwachsene der Überzeugung sind, dass sie Kinder regulieren müssen, um diese zu schützen, müssen sie sich zugleich bewusst sein, welchen Schaden eben diese Fremdregulation und der damit verbundene Einsatz von Strafen verursachen. Vor allem aber sollten sie wissen, dass genau dieses Eingreifen in die Selbstbestimmung des Kindes ihr eigentliches Ziel förmlich torpediert und dass es gelebte Alternativen dazu gibt.

Was Kinder aus Strafen lernen

Lernen geschieht sowohl zielgerichtet als auch zufällig. Die Motivation zum Lernen kann aus uns heraus entstehen sowie von außen angeregt oder forciert werden. Hauptsächlich lernen Menschen als soziale Wesen aber durch Imitation. Viel wichtiger als Worte sind also Handlungen und Emotionen, die wir im Miteinander erfahren. Diese Botschaften prägen sich meist tief ein.

All das zeigt, dass Strafen im Hinblick auf die gängigen Erziehungsziele nutzlos und sogar schädlich sind. Ich kann kein Kind langfristig vom Schlagen abhalten, indem ich es schlage. Ich kann keinem Kind erklären, warum es aufhören soll zu schreien, indem ich es anschreie. Ich kann nicht erwarten, dass das Kind den Wert der Familie höher einschätzt als materielle Dinge, wenn ich selbst das nicht vorlebe. Ich kann keinen Respekt einfordern, wenn meine Forderung bereits von Respektlosigkeit zeugt. Ich kann nicht verhindern, dass das Kind ein Suchtverhalten entwickelt, wenn ich Verlustängste erzeuge und Begehrlichkeiten wecke, indem ich das Kind in seiner Bedürfniserfüllung beschneide. Die Tatsache, dass wir Strafen immer wieder einsetzen müssen, zeigt, dass Strafen nicht funktionieren.

Es sind nicht die Kinder, die nicht verstehen, sondern wir Erwachsenen, die an einer offensichtlich nutzlosen und auf vielen Ebenen schädlichen Methode festhalten. Mit zunehmender Selbstständigkeit verlieren die Kinder die Angst vor den angedrohten Konsequenzen und die Erwachsenen die Kontrolle darüber – sie war ohnehin nur eine vorübergehende Kontrolle auf Kosten des Urvertrauens des Kindes und der Beziehung zueinander.

Gewalt erzeugt Gegengewalt. Die Biografien von Gewalttätern zeigen, dass viele von ihnen in ihrer Kindheit Gewalt erfahren haben.[9] Kinder, die bestraft werden, lernen, dass man durch Macht seinen Willen durchsetzen kann und dass »der Zweck die Mittel heiligt«. Strafen führen demnach nicht zu sozialem Verhalten, sondern stehen der Ausbildung von Empathie und kooperativen Konfliktlösungen regelrecht im Weg.

Eine besonders eindrückliche Szene im freien Dokumentarfilm »Human« des französischen Fotografen und Journalisten Yann Arthus-Bertrand zeigt einen weiteren Lerneffekt. Gezeigt wird ein Mann, der lebenslänglich einsitzt, weil er seine Lebensgefährtin und deren Sohn getötet hat. Er beschreibt, wie er als Kind sehr oft körperlich bestraft wurde. Im Anschluss an seine Misshandlungen sagte sein Stiefvater, dass es ihn selbst deutlich mehr schmerzen würde, ihn schlagen zu müssen, als die Schläge ihm wehtun könnten. Vor allem würde er dies ihnen beiden nur deshalb zumuten, weil er ihn so sehr liebe.

Solch eine doppelbodige Botschaft verwirrt ein Kind. Es ist verstörend, dass jemand, der angibt, uns zu lieben, uns bewusst Schaden zufügt. Das kann so weit gehen, dass Menschen beginnen zu glauben, Liebe sei mit Schmerzen und Leid verbunden. Wenn Eltern angeben, ihren Kindern aus Liebe bewusst zu schaden und dies damit zugleich rechtfertigen, warum sollte es dann später in einer Liebesbeziehung zwischen zwei Partnern anders sein? Viele belastete Beziehungen zwischen Erwachsenen haben ihre Wurzel in einer vergifteten Beziehung zwischen Eltern und Kindern.[10]

Was Kinder aus Strafen lernen, ist meist nicht das, was strafende Erwachsene sich erhoffen. Diese wollen, dass Kinder über ihr »falsches« Verhalten nachdenken, dieses einstellen und in Zukunft anders handeln. Doch Strafe – und damit sind nicht nur Schläge gemeint – lehrt nicht, was adäquates Verhalten ist. Strafe lehrt, dass der Mächtigere den eigenen Willen durchsetzen kann. Strafe lehrt, dass die Ursachen und Beweggründe für das Verhalten des Bestraften irrelevant sind. Aber kein Mensch, ob jung oder alt, wird sein Verhalten reflektieren, wenn er sich nicht gesehen fühlt. Stattdessen wird er in seiner Wut vor allem Rachegefühle entwickeln und sich überlegen, wie er es anstellen kann, dass er beim nächsten Mal nicht erwischt wird. Das erzieherische Ziel des Erwachsenen wird verfehlt.[11]

Auch das Lügen lernen Kinder durch angedrohte Strafen. Während junge Kinder sich noch unhinterfragt an den Moralvorstellungen ihrer Eltern orientieren und es für wichtig halten, »Fehlverhalten« zu gestehen, entwickeln ältere Kinder zunehmend Strategien, um den Sanktionen aus dem Weg zu gehen. Sie haben gelernt, dass die Erwachsenen nicht ernsthaft an ihnen und ihren Gefühlen interessiert sind, und versuchen so, weiteren Schaden von sich abzuwenden.[12]

Bildung braucht Bindung!

In der Auseinandersetzung um ein gewaltfreies Miteinander und um eine daraus resultierende Begleitung junger Menschen auf Augenhöhe gibt es immer wieder einen Punkt, der eine Art Bruch darstellt. Wenn die Schule, »der Ernst des Lebens« beginnt, verstehen viele Erwachsene keinen Spaß mehr. Schule scheint einen wichtigen Meilenstein im Leben vieler darzustellen. Daraus erklärt sich oft die Art und Weise, wie mit Kindern umgegangen wird, denn »spätestens in der Schule« wird von Kindern erwartet, dass sie ganz bestimmte Dinge tun.

Aber ist das wirklich so? Beginnt mit der Schule »der Ernst des Lebens«? Und müssen Kinder frühzeitig darauf vorbereitet werden? Legitimiert sie oder erfordert sie womöglich sogar übergriffiges Verhalten durch die wichtigsten Bezugspersonen des Kindes? Oder wird hier doch etwas anderes gebraucht?

Digitalisierung und Globalisierung sind uns allen vertraute Begriffe und Phänomene. Zusammen mit anderen Herausforderungen unserer Zeit erfordern sie ein Umdenken auf allen Ebenen. Leben, Lernen und Arbeiten werden zunehmend als fließende, ineinander übergehende Prozesse verstanden. Die zunehmende Komplexität unserer Welt verlangt uns ständig neue und andere Fähigkeiten ab. Dazu müssen wir bereit sein, uns zu verändern und uns aus eigenem Antrieb immer wieder neues Wissen anzueignen. Lebenslanges Lernen ist hier das Stichwort. Wir sind jedoch auf all das schlecht vorbereitet. Deshalb brauchen wir für die Zukunft neue Lern- und Arbeitsformen. Auch in der (Lern-)Begleitung unserer Kinder sollten wir neue Wege gehen.

Unsere Kinder sind auf unsere Unterstützung angewiesen und darauf, dass wir bedingungslos an ihrer Seite stehen. Wir Eltern und LernbegleiterInnen sind im Alltag ihre wichtigsten Bezugspersonen und haben die Aufgabe, sie in die Unabhängigkeit zu begleiten, sie dabei aber zugleich zu beschützen und ihnen Geborgenheit zu geben. Kinder brauchen Bindung und Vertrauen, um sich lösen und ihre Potenziale vollkommen entfalten zu können. Ohne Bindung ist Lernen oder gar Bildung nicht möglich.[13]

Es ist leicht, zu verstehen, dass diese scheinbar konträr verlaufenden Prozesse – Begleitung in die Unabhängigkeit versus Bindung – für uns Erwachsene eine große Herausforderung darstellen und im Alltag zu Verunsicherung führen, besonders in Anbetracht der fehlenden Vorbilder in einer sich ständig verändernden Welt.

Ja, unsere Welt verändert sich ständig. Die meisten Schulen jedoch nicht. Das System Schule ist vielerorts im Umbruch, doch dieser Prozess hält nicht Schritt mit den Veränderungen um uns herum. Das belastet alle Akteure, die sich in diesem System zurechtfinden müssen: Kinder, Eltern und LehrerInnen. Sie alle leiden und schieben sich gegenseitig die Verantwortung dafür zu. Erdrückt unter dieser Last werden aber vor allem die Kinder, die weder eine Lobby noch die Möglichkeit haben, sich aus eigener Kraft aus dem System zu befreien.

Ich bin ein großer Fan von Bildung und setze mich mit meinem Verein Madrina Sophia e.V. unter anderem aktiv dafür ein, dass auch Kinder, die in Lateinamerika an den Rand der Gesellschaft gedrängt leben, einen Zugang zu Bildung bekommen. In Deutschland habe ich eine Schule gegründet, die ich gemeinsam mit meiner Mitgründerin geschäftlich und pädagogisch leite. Doch so wichtig mir Bildung ist – alle Menschen haben ein Recht darauf –, so ist doch mein Verständnis von Lernen ein gänzlich anderes als das gesellschaftlich gängige Modell. Ich bin mir sicher, dass es ohne Zwang, Druck, Fremdbestimmung und Strafe auskommen kann und muss.

Ich halte es für unfassbar, unter welchen Bedingungen LehrerInnen und andere pädagogische Fachkräfte teilweise arbeiten müssen. Es ist oft unmenschlich, was Eltern zu leisten haben, das spüre ich als Mutter selbst jeden Tag. Doch derzeit zahlen insbesondere unsere Kinder dafür den Preis. Sich für Kinder und deren Recht auf ein selbstbestimmtes Leben und Lernen sowie für ein gewaltfreies Aufwachsen einzusetzen, bedeutet auch, die Herausforderungen anderer verantwortlicher (Berufs-)Gruppen zu sehen. Gerade als Mutter und Schulleiterin bin ich hier in vielfältiger Weise involviert.

Weder das Glück noch der spätere Erfolg eines Menschen hängen davon ab, ob er in der Schule zu einem durch andere definierten Zeitpunkt bestimmte Dinge auswendig gelernt hat. Auch dann nicht, wenn andere dies für eine enorme Bereicherung für das eigene Leben betrachten. Glück und Erfolg hängen stattdessen maßgeblich von der erfahrenen Selbstwirksamkeit und von der Liebe der Bezugspersonen ab. Es ist beispielsweise wichtig, dass Eltern und LernbegleiterInnen an der Seite der Kinder stehen, sich für sie einsetzen und nicht zum verlängerten Arm des (Schul-)Systems werden. Und das können sie umso besser, je besser sie verstehen, wie wir Menschen lernen. Dann fällt es ihnen auch leichter zu erkennen, warum Strafen sinnlos, unkontrollierbar und letztlich nicht zielgerichtet sind.

Lernen ist ein Akt des Selbst. Die Sprachentwicklung von Kindern zeigt uns exemplarisch, wie Lernen funktioniert. Kinder lernen »einfach so« zu sprechen. Sie kommen auf die Welt, hören eine oder mehrere Sprachen um sich herum und bilden irgendwann selbstständig Laute, Wörter und ganze Sätze.[14] Meine Kinder beispielsweise wachsen dreisprachig auf. Die erste Sprache, die zwei von ihnen verständlich sprechen konnten, war unsere Familiensprache Spanisch. Dennoch ist Deutsch – dank des starken Einflusses der Umgebung – heute ihre erste Muttersprache. Ein Kind sprach früher, das andere später. Ein Kind mischte und übte viel, das andere begann erst zu sprechen, als es die Sprachen deutlich unterscheiden konnte und ganze Sätze beherrschte. Eines meiner Kinder wählte Portugiesisch, meine erste Muttersprache, um sich zu alphabetisieren und sich mit Unterstützung das Schreiben und Lesen anzueignen. Dies ist insofern eine interessante Entwicklung, da sie deutlich zeigt, wie wichtig Bindung für Bildung ist und wie intrinsische Motivation aufgrund funktionierender Beziehung entstehen kann: Bei Portugiesisch handelt es sich für meine Kinder um eine passive Sprache. Es ist ihre dritte Muttersprache. Sie hatten jedoch in ihren ersten Lebensjahren bis auf einige zeitlich begrenzte Ausnahmen einzig durch mich Kontakt zur portugiesischen Sprache und dadurch keine Notwendigkeit oder einen ausreichenden Grund, diese im Alltag aktiv einzusetzen, da sie sowohl auf Deutsch als auch auf Spanisch ohne Kommunikationseinbußen oder Beziehungseinschränkungen ausweichen konnten. Die Muttersprache der beiden Bezugslernbegleiterinnen meines Kindes in seinen beiden ersten Schuljahren war jedoch ebenfalls Portugiesisch. Die entstandene Bindung zu ihnen weckte die intrinsische Motivation meines Kindes und die Lust an einem aktiven Spracheinsatz. Die Beziehung stand dabei an erster Stelle.

An unserer Schule lernen die Kinder *immersiv*, das heißt, sie lernen Spanisch und Portugiesisch vordergründig durch ein »Eintauchen« in die Sprache, ähnlich einem Auslandsaufenthalt. Sie kommen im schulischen Alltag in direkten Kontakt mit den Kulturen und Sprachen Lateinamerikas, welche in ihrem unmittelbaren Umfeld durch Muttersprachler ganz selbstverständlich gesprochen werden.

Während das eine Kind stolz jeden einzelnen Lernschritt präsentiert, erscheint ein anderes zuerst stumm und beginnt dann plötzlich von Null auf Hundert zu sprechen – manchmal mehrere Sprachen auf einmal. Das Tempo ist höchst individuell, genauso wie die Art und Weise, wie gelernt wird. Ein Kind beobachtet, das andere übt. Sprachen werden im Allgemeinen am erfolgreichsten durch »Immersion« erlernt.[15] Auch Schreiben, Lesen und Rechnen eignen sich viele Kinder auf diese Weise ganz selbstverständlich an. Sie sind von Schriftsprache umgeben und benötigen diese auch im Spiel. Es liegt in unserer menschlichen Natur, unsere Umgebung neugierig erfassen zu wollen und den Menschen um uns herum nachzueifern.

Leichtigkeit und Leidenschaft führen zum Erfolg, nicht »der Ernst des Lebens«, nicht Druck, Zwang und Strafen. Menschen lernen durch aktives Handeln und Erleben. Kinder spielen und begreifen dabei ihre Welt. Sie lernen spielerisch zu sprechen und zu laufen. Sie lernen am Vorbild, durch Resonanz und Ausprobieren soziale Normen. Sie tun all das »beiläufig« aus sich selbst heraus und in Beziehung zu anderen.

Spielen ist eine der wichtigsten Formen des Lernens. Es ist eng verknüpft mit Neugierde und Entdeckerfreude, zwei unabdingbaren Voraussetzungen für eine lustvolle Beschäftigung. Während Menschen spielen, sind sie konzentriert und nehmen Anstrengung gar nicht wahr.[16]

Kinder können den ganzen Tag lang rennen, springen, hüpfen, malen oder konzentriert mit digitalen Geräten umgehen. Sie scheinen dabei gar kein Ende zu finden. Ist man dann zum Beispiel vom Spielplatz auf dem Weg nach Hause, sind die Beine plötzlich so schwach, dass kein weiterer Schritt mehr möglich ist. Sie machen uns dabei nichts vor, denn sie spüren die Müdigkeit erst dann, wenn die Erregung nachlässt. Das kennt jeder, der begeisterter Sportler ist oder leidenschaftlich einem Beruf nachgeht. Konzentration ist also das Nebenprodukt einer durch Neugierde entstandenen, fesselnden und einnehmenden Beschäftigung, die die gesamte Psyche beansprucht.[17] Wenn Kinder den ganzen Tag an der Konsole hängen, dann hat auch das erst einmal mit Begeisterung zu tun und ist nicht ein Hinweis auf ein Suchtverhalten. Sie spielen konzentriert und lernen dabei.

Kinder lernen beim Spielen – intrinsisch motiviert – und wenn sie reif dafür sind. Es ergibt daher wenig Sinn, Entwicklungsschritte in ein Schema pressen, antizipieren oder diktieren zu wollen. Frust und Widerstand als Antwort auf Fremdbestimmung sind vorprogrammiert. Der Teufelskreis aus Machtmissbrauch und Ohnmacht, in dem es nur Verlierer geben kann, nimmt seinen Lauf. Strafen geben den Erwachsenen dann höchstens das trügerische Gefühl von Kontrolle, welches durch ein Konstrukt aus Glaubenssätzen das eigene Gewissen beruhigt.

Alle Kinder wollen lernen. Sie wollen die sie umgebende Welt wahrhaftig begreifen und verstehen und suchen dabei nach Orientierung und nach Antworten. Neugierde und Offenheit sind die Motoren des Lernens. Diese springen aber nicht an, wenn ein Kind über- oder unterfordert wird oder wenn es sich körperlich oder psychisch unwohl fühlt. Das erklärt auch die große Bedeutung von Beziehungsarbeit für die Entwicklung von Kindern. Die Aufgabe von LernbegleiterInnen, ist es, zu erkennen, ob ein Kind sich unwohl oder über- oder unterfordert fühlt, und dann dafür zu sorgen, dass es dem Kind bessergehen kann.[18] Manchmal reicht es bereits, wenn sich das Kind gesehen fühlt. Oft bedingt es die Zusammenarbeit und eine gemeinsame Ursachenforschung mit den Eltern. Kinder aufgrund mangelhafter Schulleistung zu bestrafen, ist in Anbetracht dessen vollkommen kontraproduktiv. Strafen behindern Lernen und Entwicklung.

Kannst du dich an die Zeit erinnern, als dein Kleinkind immer wieder das Essen aus seinem Hochstuhl geworfen hat? Immer und immer wieder? Oder als es digitale Medien für sich entdeckte und eine bestimmte Sendung immer und immer wieder ansehen wollte? Oder als es jeden Tag puzzeln wollte? Es übte! Ja, selbst beim Computerspielen oder beim Abhängen mit Freunden. Letzteres ist das viel gepriesene Erlernen von Sozialverhalten, das wir gerne argumentativ nutzen, wenn wir den Besuch von Kindergarten oder Schule für unabdingbar erklären, das wir aber außerhalb dieser Einrichtungen unseren Kindern gerne madig machen, wenn sie ihren schulischen »Verpflichtungen« nicht nachkommen.

Erinnerst du dich, als dein Kind sich selbstständig anzuziehen begann? Als es selbstständig den Löffel halten konnte? Als es zu sitzen begann, krabbelte oder laufen lernte? Viele dieser Schritte vollzogen sich scheinbar einfach so. Manche aber auch durch sichtbares, exzessives Üben, um Abläufe und Erfahrungen zu verinnerlichen und neue Fähigkeiten mit den bereits vorhandenen zu verbinden. Kinder wollen Erfahrungen machen, mit Leidenschaft und Leichtigkeit – »selber« oder »alleine«, wie Zweijährige zu sagen pflegen. Manchmal erkennen wir die Motivation hinter ihren Handlungen. Doch oft tun wir das nicht und behindern sie im Lernen, weil wir loben, strafen, bewerten, willkürlich Grenzen setzen oder schlicht ungeduldig sind, anstatt zu unterstützen und Orientierung zu geben. Wir erkennen nicht, dass unser Kind mit seinem Verhalten gerade für sich etwas verstanden hat oder verstehen will. Wir sind weder neugierig noch offen genug und ehrlicherweise oft schlicht zu erschöpft.

Kinder benötigen für ihre Entwicklung und ihr Lernen ganzheitliche Erfahrungen. Sie müssen die Möglichkeit haben, all ihre Sinne einzusetzen und sich dabei körperlich zu bewegen. Sie wachsen und müssen immer wieder aufs Neue lernen, mit ihren neuen Körperverhältnissen umzugehen. Kinder drücken außerdem ihre Emotionen über die Motorik aus.[19] Besonders deutlich zu erkennen ist das zum Beispiel, wenn kleine Kinder noch nicht richtig sprechen können und sich daher körperlich verständigen. Vielleicht hauen oder schubsen sie andere Kinder, um ihre Bedürfnisse zu zeigen, was von Erwachsenen schnell als aggressives Verhalten missverstanden und nicht selten bestraft wird.

Es ist die natürliche Anlage von Kindern, in Bewegung zu sein. Und es ist maßgeblich für eine gesunde Entwicklung, für ein nachhaltiges Lernen und für die Ausbildung von Sozialverhalten, dass sie sich frei und selbstbestimmt bewegen dürfen und nicht gezwungen werden, über einen längeren Zeitraum am gleichen Ort zu sitzen. Sie benehmen sich nicht schlecht in der Schule, wenn sie »herumzappeln«. Und sie brauchen in der Regel auch keine Pillen. Was sie benötigen, ist eine andere Lernumgebung!

Wir teilen unsere Welt in Spaß und Arbeit. Freude und Ernst. Pflicht und Kür. Mit dieser polarisierenden Zweiteilung stehen wir nicht nur uns selbst im Weg, sondern auch unseren Kindern. Mit der Schule darf nicht der Ernst des Lebens beginnen, denn Leben ist immer schon ernsthaftes (nicht ernstes!) Lernen gewesen! Wir lernen immer und überall, und zwar am allerbesten, wenn wir dabei großen Spaß haben. Wir brauchen dafür nicht zwingend eine Schule, aber Schule kann uns die Freude am Lernen nachhaltig nehmen, wenn sie nicht zu unseren Bedürfnissen passt, was leider sehr oft der Fall ist.

Lernen ist ein selbstgesteuerter, selbstbestimmter, lebendiger und immer fortwährender Prozess des Lebens, der die Entdeckung eigener Interessen, Fähigkeiten und Potenziale ermöglicht, zur Entfaltung führt und Selbstwirksamkeit ermöglicht.

Kinder brauchen dazu eine ihrer Entwicklung entsprechende und geschützte Umgebung, das Recht zur Mitbestimmung und Mitgestaltung sowie verlässliche, authentische, empathische und zugewandte Beziehungen. Sie brauchen den dialogischen Austausch und einen gleichwürdigen sowie respektvollen Umgang, bei dem ihre Kompetenzen anerkannt und ihre Bedürfnisse berücksichtigt werden. Sie brauchen einen Lernort – ob Schule oder Zuhause –, der es ihnen ermöglicht, ihre individuellen Potenziale zu entfalten und die notwendigen Fähigkeiten auszubilden, um mit den Herausforderungen einer immer komplexer werdenden, digitalisierten, wissensorientierten und globalisierten Welt zurechtzukommen. Sie brauchen mitnichten strafende, urteilende und reglementierende Erwachsene.

Gut gemeint ist nicht gut gemacht: Warum Erwachsene Kinder bestrafen

Erwachsene bestrafen Kinder, weil sie diese erziehen wollen, weil sie Strafen für notwendig halten, damit aus den Kindern »mal was wird«. Sie bestrafen sie, weil alle um sie herum ebenfalls bestrafen und weil Bestrafungen im Sinne von Erziehung als normal gelten, wenngleich das Wort heute einen negativen Beigeschmack hat. Erwachsene bestrafen Kinder, weil sie es können und vielfach denken, sie müssten es tun. Sie fühlen sich bei vermeintlich auffälligem Verhalten der Kinder von ihrem Umfeld unter Druck gesetzt und glauben, dieses erwarte von ihnen eine strafende Reaktion. Sie bestrafen, weil neue Erkenntnisse in der Entwicklungspsychologie, in der Neurowissenschaft, in der Bindungstheorie und in der Traumaforschung, die die negativen Folgen von Strafen aufzeigen, nur langsam ins allgemeine Bewusstsein vordringen.[20]

Eltern lieben ihre Kinder. Davon bin ich überzeugt. Sie haben zumeist gute Beweggründe für ihr Tun, doch das Ergebnis ist oft – nicht zuletzt für sie selbst – zumindest unbefriedigend. Gut gemeint ist nicht gleichbedeutend mit gut gemacht. Das stellen nicht nur Eltern fest, sondern auch LernbegleiterInnen. Oft sind erzieherische Strafen oder andere übergriffige Methoden lediglich die Folge von eigener Überforderung und fehlender Unterstützung im Alltag.

Was also geschieht, wenn die für uns naheliegenden Strategien im Umgang mit jungen Menschen, die anders handeln als wir es uns wünschen, versagen und kein Ersatz unmittelbar greifbar ist? Im schlechtesten Fall machen wir weiter wie bisher. Vielen Erwachsenen fehlt es schlicht an Handlungsoptionen und Unterstützung im herausfordernden Veränderungsprozess zu einer Beziehung auf Augenhöhe.

Das Beste für das Kind

Eltern wollen das Beste für ihre Kinder, wollen sie schützen und auf das Leben im Erwachsenenalter vorbereiten. Sie wünschen sich, dass ihre Kinder glücklich und gesund sind sowie mitunter auch, dass sie ein erfolgreiches Leben – was auch immer sich der Einzelne darunter vorstellt – führen können. Die meisten Gespräche mit Eltern, die ich als Mutter, in der Beratung, aber auch als Co-Leiterin an unserer Schule führe, drehen sich – wenn auch nicht immer offensichtlich – um diese Themen.

In unserer Gesellschaftsordnung gibt es eine recht konkrete Vorstellung davon, was Erfolg, insbesondere im beruflichen Kontext, bedeutet und wie dieser erreicht werden kann. Erziehung, frühkindliche Förderung, Schule, Ausbildung und wenn möglich auch noch ein »sinnvolles« Studium: Für viele ist das das Patentrezept und der vermeintlich einzige Weg zum Glück.

Sehr früh beginnen Erwachsene dementsprechend, das Verhalten von Kindern zu analysieren und zu bewerten. Mag der Fünfjährige den Kindergarten mal ausfallen lassen, so wird darauf hingewiesen, dass er das später in der Schule auch nicht spontan tun könne. Fällt es dem Grundschüler schwer, in der Schule über Stunden hinweg ruhig zu sitzen, so fragen sich viele, wie das dann erst im Beruf aussehen soll.

Die Lösung für all diese Probleme ist in der Regel schnell ausgemacht: Erziehung, die sich im Setzen von Grenzen und im Konsequent-Sein ausdrückt. Beziehungsarbeit, die Lösungen im Hier und Jetzt ermöglicht, oder gar ein Hinterfragen des Lebenskontextes bekommen durch diese starke Zukunftsorientierung keinen Raum.

Viele Eltern tragen dadurch einen großen Schmerz in sich, da sie sich nicht nur von den Erwartungen aus ihrem Umfeld überfordert fühlen, sondern meinen, die Gesellschaft verurteile sie darüber hinaus für das womöglich nicht »normgerechte« Verhalten ihres Kindes. Sie beginnen ihre Kinder aus Liebe und Fürsorge, aber auch aus Scham und Sorge zu erziehen. Dabei wird nicht selten gelobt, belohnt, gedroht, erpresst und gestraft. In der Folge finden Eltern sich häufig in einem Machtkampf mit ihren Kindern wieder, die ihrerseits versuchen, ihre eigene Integrität zu wahren, und verzweifelt nach der Bedingungslosigkeit der Liebe ihrer Eltern suchen, welche sie für ein gesundes Aufwachsen so sehr brauchen.

Ähnlich ergeht es LehrerInnen, die ihre Klassen möglichst »im Griff haben« sollen oder ErzieherInnen, die zur Verantwortung gezogen werden, wenn Kleinkinder beispielsweise in der oralen Phase zu beißen beginnen. Auch sie sehen sich oft zu verhaltensorientiertem Handeln gezwungen und beginnen, Kinder unreflektiert und reflexartig zu bestrafen.

Nicht selten finden sich auch hier die Protagonisten in einer Abwärtsspirale der Abwertung durch Bestrafung und Widerstand wieder. Es ist paradox: Eltern handeln aus Liebe, entfernen sich aber dadurch von ihren Kindern, die im Verhalten ihrer Eltern keine Liebe erkennen können.[21] LernbegleiterInnen handeln häufig zum Schutz anderer Kinder oder aber, um die Erwartungen der Erwachsenen zu erfüllen, verlieren dabei aber nicht selten dasjenige Kind aus dem Blick, dem es am meisten an Wertschätzung, Empathie und Unterstützung fehlt.

Befeuert wird dieser Teufelskreis zusätzlich durch zahlreiche Glaubenssätze rund um »tyrannische Kinder«[22] und durch den Leistungsgedanken, der unserer Zeit innewohnt. Selbst empathischen, zugewandten Eltern und LernbegleiterInnen fällt es spätestens bei fremden und/oder ausdrucksstarken Kindern schwer, einen wohlwollenden Blick zu behalten. Verhaltensorientierung und Strafmaßnahmen sind die Folge.

Pädagogen unter Druck

Das Gefühl der Überforderung und »sich für das Verhalten anderer rechtfertigen zu müssen« teilen alle Erwachsenen miteinander, die Kinder in der Familie oder in Kitas und Schulen begleiten. Auch an unserer Schule kommt es zu übergriffigem Verhalten zwischen Kindern oder werden Eltern unsicher, wenn das eigene Kind im selbstbestimmten Lernprozess nicht ihre Erwartungen erfüllt.

In einem Umfeld ohne jegliches Strafen und ohne Einschränkungen der Selbstbestimmung im individuellen Lernprozess, etwa an unserer Schule, lässt in Konfliktsituationen der Vorwurf, zu »lasch« zu sein oder »nichts« zu tun, nicht lange auf sich warten. Wobei auch hier – zumeist unbewusst – differenziert wird: So scheinen mittlerweile immer weniger Eltern zu wollen, dass das eigene Kind im schulischen Kontext oder in der Kita bestraft wird, jedoch durchaus – falls nötig – »dank« der Bestrafung anderer Kinder geschützt wird. Selbst in einem bindungs-, beziehungs- und bedürfnisorientierten Umfeld, welches sich einem gewaltfreien Umgang verschrieben hat! Dies verdeutlich die große Ohnmacht und Alternativlosigkeit, in der sich viele Erwachsene wiederfinden.

Doch nicht selten wird das persönliche und vor allem offene, neugierige sowie wohlwollende und wertschätzende Gespräch zwischen Eltern und Pädagogen, aber insbesondere auch mit den Kindern selbst, gemieden. In der Folge wird viel über- anstatt miteinander gesprochen, was Vorurteile verfestigt und nicht zu einer das Kind unterstützenden Lösung führt. So kommunizieren Eltern ihre Sorgen und Beschwerden häufig nicht offen, sind von ihrer eigenen Perspektive überzeugt, haben mitunter überhöhte Erwartungen an die pädagogische Arbeit oder übertragen ihre persönlichen Probleme auf den institutionellen Rahmen. Pädagogen hingegen neigen manchmal dazu, sich hinter Lehrplänen und Vorschriften zu verstecken.

Beide erwachsenen Parteien, Eltern und LernbegleiterInnen, scheinen – ob nun berechtigt oder nicht – Angst vor gegenseitiger Abwertung zu haben. Tatsächlich wird manchmal versucht, die eigene Überforderung und Verantwortung auf den anderen abzuwälzen. Die Frage »Wo ist mein persönlicher, aber auch der systemische und strukturelle Beitrag zur Situation?« wird in meinen Augen viel zu selten gestellt.

Im schlimmsten Fall müssen die Kinder für die Unzulänglichkeiten der Erwachsenen herhalten und Bestrafung erleiden. Wenn die eigenen Ängste der Erwachsenen ins Spiel kommen, erscheinen Strafen und andere erzieherische Methoden schnell als legitim. Klassische Themen sind in diesem Zusammenhang Hygiene, Ernährung, der Umgang mit digitalen Medien, die Aneignung von Grundkompetenzen wie Lesen,

Schreiben und Rechnen sowie Konflikte im Alltag, insbesondere jene körperlicher Natur.

Die eigenen sowie die von außen herangetragenen Erwartungen machen die Personengruppe der LernbegleiterInnen sehr empfänglich für Erziehungsmethoden und die disziplinierenden Handlungsempfehlungen im Umgang mit Kindern. Strafen scheinen zum einen schnell zu funktionieren und sind nachprüfbar. Zum anderen werden sie fatalerweise immer wieder als valide und harmlose Problemlösung legitimiert. Vielerorts ist noch immer nicht klar, dass eine gewaltfreie Kindheit, auf die Kinder seit dem Jahr 2000 in Deutschland ein gesetzlich verankertes Recht[23] haben, auch den Ausschluss herabwürdigender Maßnahmen wie Strafen beinhaltet.

Strafen als erzieherische Maßnahme

Konsequenzen, Auszeit, Stille Treppe oder Stuhl, Nachsitzen, Strafarbeiten, »Das Kind muss lernen zu hören«, aber auch Bloßstellen, Demütigen, Ausschimpfen ... – es gibt unendlich viele Namen und Ausdrucksweisen für das, was eigentlich gemeint ist: Die Rede ist von Strafe. Das Kind soll lernen, Kausalitäten zwischen seinem schlechten Benehmen und der Strafe zu erkennen, es soll das eigene Verhalten reflektieren und es vor allem möglichst sofort einstellen. Dahinter steckt das pädagogische Bestreben, das Kind zu erziehen und damit zu formen sowie zu disziplinieren. So funktioniert Erziehung.

Strafen als erzieherische Maßnahme dienen aber auch dazu, dem Verhalten eines Menschen Einhalt zu gebieten. Strafen sollen Grenzen aufzeigen und dafür sorgen, dass keine Nachteile für das Kind – ganz nach dem Motto »Was Hänschen nicht lernt, lernt Hans nimmer mehr« – entstehen. Dies gilt aber auch zum Schutze Dritter, zum Beispiel, wenn sich das

Kind körperlich übergriffig verhält, oder aber damit es einer sogenannten Autoritäts- oder Respektsperson nicht »auf der Nase herumtanzt«.

Kinder haben das Recht auf eine sogenannte *gewaltfreie Erziehung*. Eltern wiederum haben laut § 1631 des Bürgerlichen Gesetzbuchs das Recht und die Pflicht, ihre Kinder zu erziehen. Was unter Erziehung jedoch verstanden wird, das verrät der Gesetzgeber nicht. Wissenschaftlich betrachtet wird Erziehung von Handlungsnormen geleitet, welche durch soziokulturelle Einflüsse geprägt werden.[24] Erziehung ist nicht überall auf der Welt gleich, denn zur Erziehung gehören auch immer Erziehungsziele, die den Werten einer Gesellschaft, Gruppe, Familie oder Institution entspringen.

Auch wenn viele Menschen Erziehung mit dem vermeintlichen Zitat des berühmten Pädagogen Friedrich Fröbel assoziieren (und legitimieren), demzufolge Erziehung nichts weiter als »Beispiel und Liebe«[25] sei, so zeigt eine praxisnahe Auseinandersetzung mit der Thematik, dass Erziehung, wie sie weitgehend verstanden und gelebt wird, zielgerichtet ist. Durch verschiedene erzieherische Maßnahmen soll das zu erziehende Kind in eine vom erziehenden Erwachsenen für richtig befundene Richtung geformt werden. Viele dieser Maßnahmen fokussieren sich auf das Verhalten des Kindes und setzen auch genau dort an. Strafe ist eine dieser Maßnahmen, die Kinder entsprechend formen sollen und die verhaltensorientiert wirken.

Auch wenn der Gesetzgeber Erziehung nicht weiter definiert, so erklärt er »körperliche Bestrafungen, seelische Verletzungen und andere entwürdigende Maßnahmen«[26] ausdrücklich als unzulässig. Der Diskurs über erzieherische Maßnahmen muss also geführt werden.

Während die Ablehnung von häuslicher Gewalt gegenüber Frauen in der heutigen gesellschaftlichen Diskussion einen breiten Konsens findet, ist diese Thematik im Zusammenhang mit Kindern nicht ganz so eindeutig. Noch immer hält ein erschreckend hoher Anteil von Menschen in unserer Gesellschaft einen »Klaps«, also das Schlagen von Kindern, für legitim, um Kinder zu disziplinieren. Andere Erwachsene, die sich bewusst und aus guten Gründen dagegen entscheiden, greifen allerdings nicht selten auf andere Maßnahmen des Strafens zurück.[27]

Aufgrund dieser Fakten erachte ich es für unabdingbar, nicht nur die erzieherische Maßnahme der Strafe an sich zu hinterfragen, sondern auch die Erziehungsziele, die ihr zugrunde liegen, sowie insbesondere das Konzept des *Erziehens an sich*. Anderenfalls laufen wir Gefahr, uns von einer entwürdigenden Maßnahme zur anderen zu hangeln, ohne wahrzunehmen, dass bereits das Formen des Kindes im Sinne von »anpassen, verändern oder verbessern wollen«, unwürdig ist.

Ein weiteres wesentliches Problem von Strafe sowie von anderen zielgerichteten Maßnahmen im Umgang mit Kindern ist die Fokussierung auf das Verhalten. Dazu ein Beispiel aus meiner frühen Schulzeit:

Ich bin in Brasilien geboren und habe dort in meinen ersten vier Schuljahren ein privates Jesuiten-Gymnasium[28] besucht. Eine Gemeinschaftsschule der privilegierten Oberschicht, in die ich sehr gerne gegangen bin. Ich war damals eine sehr gute Schülerin und meinen Erinnerungen nach bei Lehrern und Kindern beliebt.

Wir mussten Schuluniform tragen: Ein weißes, mit dem Logo der Schule verziertes Polo-Shirt mit Jeanshose und schwarze Schuhe. Am Tag des Sportunterrichts sollten wir stattdessen enge Sportshorts, einen Rundkragen (weißes Shirt mit dem Schullogo) und weiße Schuhe tragen. Meine Eltern trennten sich, als ich drei Jahre alt war. Mein Vater kümmerte sich nicht weiter und unterstützte uns auch finanziell nicht. In Brasilien gab es zu dieser Zeit kein soziales Auffangnetz. Die Familie meines Vaters half meiner Mutter zunächst aus, aber mit der Zeit wurde auch diese Unterstützung weniger.

Die private Schule verursachte viele Kosten, die meine Mutter zunehmend nicht mehr tragen konnte. Und so kam es, wie es kommen musste: Ich ging zum Sportunterricht, hatte aber keine weißen Sportschuhe. Es dauerte nicht lange, bis es meinem damaligen Lehrer auffiel, und so forderte er mich auf, meine Schuhe – den Vorgaben entsprechend – sofort zu wechseln.

Am liebsten wäre ich auf der Stelle im Erdboden versunken. So sehr schämte ich mich!

Niemals hätte ich es gewagt, vor all den anderen, »reichen« Kindern zu erzählen, dass ich keine weißen Schuhe mehr besaß, weil wir uns diese nicht leisten konnten.

Also wahrte ich meine Integrität und tat das, was ich dafür tun musste: Ich sagte meinem Lehrer, dass ich keine Lust hätte, meine Schuhe zu wechseln und mit den schwarzen Schuhen Sport machen würde.

Sofort drohte er mir Konsequenzen an, und als ich auch darauf nicht so reagierte, wie er es sich vorstellte und wünschte, setzte er mich an die Seite des Platzes und verbot mir, beim Gemeinschaftsspiel mitzumachen.

Mir war elend zumute. Bis heute kann ich mich gut in mein damaliges Gefühlschaos einfühlen. Ich schämte mich für die fehlenden Schuhe, für meine Reaktion und für die Strafe, zugleich hatte ich eine enorme Wut im Bauch und wäre am liebsten weggelaufen.

Diese Geschichte habe ich damals niemandem erzählt. Die Scham über mein Verhalten, den Ausschluss aus dem Unterricht und über unsere finanzielle Situation war einfach zu groß. Also schwieg ich, und ganz offensichtlich war auch niemand daran interessiert zu erfahren, was sich hinter meinem Verhalten verbarg.

Zu sehen war ein junges Mädchen, welches ihre Kleidung nicht ordnungsgemäß angezogen und dadurch gegen eine klare Regel verstoßen hatte. Darauf aufmerksam gemacht, gab es dem Lehrer auch noch Widerworte und verweigerte jegliche Folgsamkeit. Was blieb ihm schon anderes übrig, als mein »schlechtes Benehmen«, mein »trotziges Verhalten« zu sanktionieren und mich zu disziplinieren? Wie hätte er sonst ein Zeichen setzen und sein Gesicht wahren können?

Eine Menge hätte anders laufen können und müssen. Fakt ist, dass ich mich durch seine Strafe schlecht und mit meinen Gefühlen und Sorgen ziemlich allein gelassen fühlte. Er hatte nicht versucht, mir einen alternativen Umgang mit meinen Problemen zu zeigen, sondern hatte mir deutlich gemacht, dass meine Situation ausweglos war. Mein Verhalten änderte sich in der Folge nicht, sondern wurde nachdrücklicher. Zunächst, weil die Ursache nicht behoben war, langfristig, weil es plötzlich um meine Integrität ging.

Überforderung und Alternativlosigkeit

Viele Erwachsene wissen mittlerweile, dass Strafen schaden. Sie greifen in der Überforderung dennoch darauf zurück. Nicht selten, weil sie keine Alternativen kennen. In der Alltagspraxis sind die Fragen sehr konkret: Was tun, wenn ein Kind wiederholt handgreiflich wird und sich jeglichem Gespräch entzieht? Was tun, wenn ein Kind sich weigert, das selbst verursachte Chaos zu beseitigen? Was tun, wenn ein Kind nachweislich lügt? Was tun, wenn ein Kind »nie hört«? Was tun, wenn es den Unterricht permanent stört? Was tun?

Erwachsene suchen nach Lösungen und haben dabei ein bestimmtes Ergebnis vor Augen: Das unerwünschte Verhalten soll aufhören. Sie überspringen dabei einen wichtigen Schritt, nämlich das wirkliche Erkennen, was um sie herum passiert. Dies ist nur möglich durch das Annehmen und das Anerkennen des Gegenübers als gleichwürdigen und gleichberechtigten Menschen. Ohne die Frage danach, warum jemand handelt, wie er handelt, werden sich auch keine Lösungen zu einem Miteinander auf Augenhöhe finden lassen. Doch dieser ganze Prozess scheint Unmengen an Raum und Zeit zu verschlingen – Dinge, die niemandem von uns uneingeschränkt zur Verfügung stehen. Die Frage ist nun: Welche Prioritäten setzen wir?

In einer Kita oder Schule begegnet man einer Vielzahl an Menschen. Menschen mit ihren ganz eigenen Geschichten, in oft herausfordernden Lebensphasen und in individuellen Lebenskontexten. Es gibt Familien, die eine schwere Krankheit durchleben oder einen schmerzlichen Verlust bewältigen müssen. Eltern, die sich streiten, in Trennung leben oder bereits geschieden sind. Familien, die dabei gute Lösungen für sich gefunden haben, und andere, die stark mit ihrer Lebenssituation hadern. Kinder, die mit verschiedenen Erziehungswahrheiten ihrer erwachsenen Begleitpersonen konfrontiert werden und ganz unterschiedlich darauf reagieren. Eltern, die autoritär, autoritativ oder antiautoritär erziehen, andere, die ihre Kinder auf Augenhöhe begleiten. Es gibt Menschen, die sich ihrer Wahrheit stellen und wieder andere, denen das sehr schwerfällt und die gerne die Verantwortung bei anderen suchen, wenn nicht sogar möglichst dort abladen wollen. Von Inklusion und kultureller Vielfalt ganz zu schweigen.

In Schulen kommt es nicht grundlos immer wieder zu Konflikten, selbst dann, wenn die Haltung der Schule, ihrer Mitarbeiter und die der Familien im Grundsatz übereinstimmt. Manche Menschen schaffen es, Konflikte gut zu benennen und Wege zu finden diese beziehungsorientiert zu lösen. Andere gehen ihnen aus dem Weg, wieder andere neigen in Konfliktsituationen sehr stark zur Bewertung, wenn nicht gar Abwertung, oder sie randalieren. Das ist der bunte Rahmen, in dem Schule, aber auch Kita und Familie stattfinden. Hier kommen all die verschiedenen Vorstellungen und Erwartungen der Erwachsenen und die Wünsche und Bedürfnisse der Kinder zusammen.

Für LernbegleiterInnen ist es eine äußert herausfordernde Aufgabe, wenn sie diesen Erwartungen gerecht werden sollen und wollen. Da erscheinen uns einfache, kontrollierbare Wege sinnvoll, um allen Beteiligten Orientierung und Sicherheit zu geben. So erachten wir Erwachsenen es manchmal als viel stimmiger, Kinder im Umgang mit digitalen Medien zeitlich und inhaltlich zu beschränken, als Kinder im selbstbestimmten Umgang damit zu begleiten. Viele Eltern entscheiden sich innerhalb der Familie also für solch eine Einschränkung in der Selbstbestimmung ihres Kindes. In vielen Kitas und Schulen ist der Umgang mit digitalen Endgeräten trotz der zunehmenden Digitalisierung unserer Gesellschaft und trotz verankertem Kinderrecht auf einen gleichberechtigten Zugang[29] gänzlich verboten. Ein Missachten dieses Verbots führt nicht zum Hinterfragen der Regel, sondern stets zur Sanktionierung der Person.

Regulation gibt uns Erwachsenen das Gefühl von Kontrolle und lässt sich greifbar darstellen, *Beziehung* hingegen ist sehr individuell, kontextabhängig und bedeutet einen Prozess des Miteinanders. Je mehr beteiligte Personen, desto höher die Komplexität und der Wunsch nach Reduktion. Es braucht an dieser Stelle viel Vertrauen in die eigenen Beziehungskompetenzen sowie in die Kompetenzen von Kindern. Ohne die Fähigkeit, Beziehung auszuhalten und die Bereitschaft, Kinder in ihrer Gleichwürdigkeit anzuerkennen, wird das Loslassen von Erziehungszielen und von Kontrolle nicht nur schwer, sondern führt auch zu einer zusätzlichen Überforderung. Unbestritten ist es deutlich einfacher, Kindern gegenüber übergriffig zu werden und diese einzuschränken, als die Auseinandersetzung und den gemeinsamen Lernprozess auszuhalten.

Genauso erscheint es zunächst sinnvoller, auf nicht eingehaltene Regeln »logische Konsequenzen« – ein Begriff, der statt »Strafen« deutlich häufiger verwendet wird – folgen zu lassen, als nach unbefriedigten Bedürfnissen beim Kind zu suchen. Es ist für viele auch naheliegender, Kinder zu sanktionieren, als diese am Entstehungsprozess von Regeln zu beteiligen oder gar den Sinn einzelner Regeln zu hinterfragen. Denn das erfordert von den begleitenden Erwachsenen mitunter eine Menge Ambiguitätstoleranz, also die Fähigkeit, mehrdeutige Situationen und widersprüchliche Handlungsweisen zu ertragen. Es verlangt von ihnen gleichzeitig, sich zurückzunehmen.

Es ist bemerkenswert, wie schwer es uns fällt, Gefühle auszuhalten. Wenn unsere Mitmenschen trauern oder wüten – egal ob sie klein oder groß sind, unsere eigenen Kinder oder nicht –, fällt es uns unglaublich schwer, dies zuzulassen. Wir wollen unbedingt, dass dieser Zustand aufhört, und geben vor, unserem Gegenüber etwas Gutes tun zu wollen. Die Wahrheit aber ist, dass wir nicht wissen, wie wir mit diesen Emotionen umgehen sollen, vor allem dann nicht, wenn sie auch uns zu überfallen drohen.

Ist ein Kind traurig, so versuchen wir, es »zu beruhigen«, abzulenken oder etwas hervorzuzaubern, was es wieder glücklich macht. Wäre es aber nicht angemessener, dem Kind schlicht deutlich zu machen: »Ich sehe dich und bin für dich da«? Gut, womöglich braucht dieses eine Kind genau das: eine Person, die es co-reguliert und beruhigt, jemanden, der es wieder zum Lachen bringt oder schlicht ablenkt. Die Frage aber ist: Mit welcher Intention tue ich es? Und vor allem: Für wen? Wirklich für das Kind oder eigentlich für mich?

Wir müssen für unser Kind nicht den Kummer aus der Welt schaffen und wir können auch nicht verhindern, dass Frust und Trauer entstehen. Für die Erwachsenen gilt: Emotionen anzunehmen und ihnen Raum zu geben, ist ein wunderbares Geschenk. Sich mit sich und der eigenen Unzulänglichkeit im Umgang mit Gefühlen zu befassen, ist ein wahrer Meilenstein auf dem Weg zur Beziehung auf Augenhöhe. Ein *»es tut mir leid, was du erleben musst«*, *»ich sehe dich«* und *»ich bin hier, wenn du mich brauchst«* können sehr heilsam sein. Und es ist nicht ausgeschlossen, dass wir zugleich sagen können: *»Deinen Umgang mit der Situation und mit deinen Gefühlen dabei finde ich jedoch nicht in Ordnung. Mir ist wichtig, dass auch die Integrität anderer gewahrt wird.«* Konkret hieße das beispielsweise: *»Ich verstehe, dass du wütend bist, aber ich finde nicht gut, wenn andere Kinder unter deinem Wutausbruch leiden.«* Dann werten wir das Kind nicht ab oder beschämen es, sondern bieten Orientierung durch Resonanz, damit die Integrität Dritter oder unsere eigene gewahrt wird.

Unsere Gesellschaft stellt hohe Ansprüche an Eltern, LernbegleiterInnen und an Kinder. Die damit einhergehenden Erwartungen üben einen enormen Druck aus, an dem nicht selten die Schwächsten zerbrechen: Familien, Mütter und vor allem Kinder. Eltern sollen zum Beispiel arbeiten gehen, aber zugleich für ihre Kinder da sein. Sie sollen möglichst nicht zu jung, aber auch nicht zu alt sein. Sie sollen nicht nur ein Kind haben, aber bitte auch nicht mehr als zwei. Eltern sollen nicht streng, aber zugleich auch nicht zu nachsichtig sein. Sie sollen möglichst ein Häuschen bauen, aber dann bitte nicht so sehr auf die Karriere fixiert sein. Sie müssen sich um ihre Partnerschaft kümmern, einem Hobby nachgehen, aber bitte ihre Kinder nicht ständig irgendwohin abschieben oder gar vor dem Fernseher parken. Eltern sollen informiert sein, zugleich aber dann doch auf ihre Intuition vertrauen. Auf die Ernährung achten, eine aufgeräumte Wohnung haben, aber sich auch die Zeit zum Spielen, Toben und Basteln mit ihren Kindern nehmen.

Schulen und Kitas sehen sich ähnlich widersprüchlichen Forderungen ausgesetzt. LernbegleiterInnen werden täglich mit den Erwartungen anderer konfrontiert. In der Kita müssen sie bei einem geringen Personalschlüssel (zwei Erwachsene auf vierundzwanzig Kinder sind eher die Norm als Ausnahme) auf jedes Kind möglichst individuell eingehen und sind ständig damit konfrontiert, die eigenen Kompetenzen infrage gestellt zu wissen. In der Schule sollen sie darüber hinaus einen Lehrplan erfüllen. Gleichzeitig müssen sie eigene Themen bewältigen, die sie in ihrem Alltag mit den jungen Menschen gespiegelt bekommen. Nicht selten sind sie selbst Eltern und in dieser Rolle ebenfalls dem Druck und den Erwartungen ausgesetzt, zumal als sogenannte Fachpersonen. Die Hürde, sich Unterstützung zu holen, ist bei dieser Berufsgruppe häufig noch höher als ohnehin schon.

Ohne ein großes Maß an Selbstreflexion, ohne die Umgestaltung unserer Lebensrealitäten im Sinne einer artgerechten, menschlichen (nicht funktionalen!) Lebenswelt – auch in Schule und Kita – ohne die Bereitschaft, in der Begleitung und im Umgang mit Kindern neue Wege zu gehen, wird es schwer, auf erzieherische Maßnahmen wie das Strafen in all seinen Facetten zu verzichten. Während Eltern »mit etwas Glück« ein vom Naturell her sehr gesellschaftskonformes Kind zu Hause begleiten, treffen wir spätestens in der Kita oder Schule auf eine große Vielfalt an Charakteren und Temperamenten. Spätestens hier kann keiner mehr seine Haltung gegenüber jungen Menschen verstecken oder einen Umgang auf Augenhöhe *ohne Selbstreflexion* pflegen. Das gilt für LernbegleiterInnen ebenso wie für Eltern (wenngleich in geringerem Maße).

»Wie du mir, so ich dir«: Grundsätze der »schwarzen Pädagogik«

Strafen dienen als Mittel der Abschreckung. Sie sollen weitere Vergehen verhindern und fungieren als sogenannte »Merkhilfe«: Das Kind soll sich merken, was ihm als Reaktion auf unerwünschtes Verhalten zugefügt wird, sodass langfristig die reine Androhung der Strafe – zum Beispiel durch einen strengen Blick – genügt, damit das Kind gehorcht. Daneben soll das Kind anerkennen, dass es die Strafe verdient und so die Eltern von ihrer »Schuld« befreien.[30]

Diese Regeln der sogenannten »schwarzen Pädagogik«[31] beschränken Strafe auf die Sanktionierung eines bestimmten Verhaltens. Auf der anderen Seite soll durch Lob und Belohnung ein als angemessen erachtetes und erwünschtes Verhalten bestärkt werden.

Auf das Konzept der Dressur von Menschen gründet sich der sogenannte Behaviorismus. Hier interessierten sich die Forscher einzig für das Verhalten von Individuen. Ein bekannter Vertreter dessen war der US-amerikanische Psychologe Burrhus Frederic Skinner, dessen Hauptwerk sich mit der sogenannten operanten Konditionierung befasste, dem Lernen am Erfolg.[32] Er zeigte in Versuchen mit Ratten und Tauben, dass das Verhalten der Tiere sich durch äußere Reize manipulieren und demnach verstärken oder abschwächen ließ. Derartige Erkenntnisse wurden – »wissenschaftlich fundiert« – auf die Kindererziehung übertragen und fanden Eingang in zahlreiche Erziehungsratgeber.

Strafe wird in diesem Kontext als effektive Lösungsstrategie betrachtet, weil es dem Erwachsenen Funktionalität vorgaukelt und einen einfachen und schnell wirksamen Ansatz für komplexe Probleme bietet. Der moralische Anspruch des Erwachsenen soll vom Kind übernommen und die Erziehungskompetenz des Erwachsenen durch Dritte nicht infrage gestellt werden.

»Auge um Auge«: Schuldausgleich und Entschuldigung

Die Idee von Strafe ist tief in unserer Kultur verankert. Die Hoffnung dahinter ist, dass durch Strafe »Buße« geleistet und »Gerechtigkeit« wiederhergestellt werden kann. Gerade die Frage nach dem, was gerecht ist, dient der Rechtfertigung von Strafe, auch gegenüber Kindern. Es geht um eine Art Schuldausgleich, bei dem der Person, die Schaden verursacht hat, etwas genommen oder ihr ebenfalls Schaden zugefügt wird.

Eltern fragen mich oft, wie sie ihre Kinder stärken können. Diese werden im Kindergarten, auf dem Spielplatz, zu Hause oder in der Schule Opfer von Angriffen anderer Kinder, und die Eltern haben den Eindruck, sie würden sich nicht wehren oder aber durch die betreuenden Erwachsenen nicht hinreichend dabei unterstützt werden. Das ist jedoch ein Denkfehler. Ein Kind muss nicht lernen, »sich zu wehren«. Das Problem beginnt dort, wo überforderte Erwachsene ihre Verantwortung auf die Kinder verschieben. Und das passiert jedes

Mal, wenn Kinder in überfordernden Konfliktsituationen allein gelassen und sich selbst überlassen werden. Die Frage sollte also nicht nur lauten, wie Kinder gestärkt werden können. Das werden sie immer dann, wenn sie sich begleitet und unterstützt fühlen, dadurch Wertschätzung erleben und Selbstwirksamkeit erfahren können. Die Frage muss viel mehr sein, was Erwachsene daran hindert, ihnen zur Seite zu stehen und sie adäquat zu schützen. Zumeist ist es ein falsches Verständnis von Selbstständigkeit, die dazu führt, Kindern Hilfe zu verwehren und sie überfordernde Konflikte allein lösen zu lassen. Überforderung auf Seiten der Erwachsenen und mitunter eine gehörige Portion *Genervtsein* nach dem x-ten Streit sind weitere mögliche Gründe.

Nicht selten höre ich in diesem Zusammenhang die Empfehlung: »Wenn du gehauen wirst, dann hau zurück!«. Insbesondere Mütter berichten manchmal in Internetforen und Facebook-Gruppen, dass sie ihr Kleinkind gar »leicht zurückgebissen« haben, und selbst ausgebildete Pädagogen sagen, dass sie in der Schule ein vom Kind gerne verwendetes Schimpfwort an dieses zurückgeben, damit es »lernt, wie es sich anfühlt«. So begrüßte ein Erzieher einen Erstklässler nach eigenen Angaben mit *»Hallo, du Arschloch«*, da das Kind andere Kinder häufig so betitelte. Offensichtlich versagt an dieser Stelle nicht nur unser moralischer Kompass, denn solch ein Umgang ist inakzeptabel und womöglich sogar strafrechtlich relevant.

Auch eine Entschuldigung hat die Funktion einer Wiedergutmachung. Eltern und Pädagogen ermahnen Kinder regelmäßig dazu, sich nach einem »Vergehen«, Fehler oder übergriffigem Verhalten beim Gegenüber zu entschuldigen, um den verursachten Schaden wiedergutzumachen. Dies ruft bei den betroffenen Kindern jedoch nicht immer das gewünschte Verhalten hervor, wie folgendes Erlebnis zeigt:

Im Alter von fünf Jahren verlangte eines meiner Kinder plötzlich nach dem Wort »Entschuldigung«, wenn es sich nicht gesehen, beschämt oder gedemütigt fühlte. Mein Kind bestand darauf auch, wenn etwas in seinen Augen ungerecht erschien. Es wollte dieses vermeintliche Zauberwort hören, und in der Tat schien die Welt für mein Kind daraufhin wieder in Ordnung zu sein. Zumindest ließ es sich erst wenn es das Wort hörte, auf Trost, Nähe und Kuscheln ein. Immer wieder ertönte in Situationen, die ihm unangenehm waren: »Sag mir jetzt Entschuldigung!«, manchmal ergänzt um eine verzweifelte Drohung oder Erpressung: »Sonst haue ich dich oder spiele nicht mehr mit dir!«

In seinen Augen meinte ich jedoch etwas anderes zu erkennen: »Zeige mir, dass ich wertvoll bin und geliebt werde! Ich bin frustriert, überfordert, verzweifelt und traurig.« Mein Kind fühlte sich offensichtlich ohnmächtig und wollte dort Macht ausüben, wo es ihm möglich war.

Bei einem ruhigen Gespräch erzählte mir mein Kind später, dass es in seinem Kindergarten die Regel gebe, dass man sich entschuldigen müsse, wenn man zum Beispiel ein anderes Kind gehauen habe. Auch wenn eine Entschuldigung an dieser Stelle zunächst plausibel erscheinen mag, war ich irritiert und entschied mich, dem nachzugehen: Was macht mein Kind ohnmächtig? Was muss es durch die eigene Machtdemonstration kompensieren? Welcher Umgang mit Konflikten wird ihm vermittelt? Was erwartet sein Umfeld von dieser Regel? Und welchen Anteil habe womöglich ich daran, dass es sich so fühlt und verhält?

Kinder erleben und übernehmen in der Regel zunächst auf ganz natürliche Weise die Werte und Moralvorstellungen ihrer Bezugspersonen. Das können die Eltern oder aber auch die Bezugspersonen in einer Institution wie Kita oder Schule sein. Es ist also gar nicht notwendig, sie zur »Höflichkeit« zu erziehen, vielmehr können solche Regeln eher schaden.

Aus einer ehrlich gemeinten Entschuldigung wird dann ein krampfhaftes Befolgen einer Regel, das am Ende vor allem den begleitenden Erwachsenen ein befriedigendes Gefühl vermittelt. Der Konflikt ist scheinbar gelöst und Friede eingekehrt. Eine trügerische Schlussfolgerung, wie ich immer wieder erleben darf, wenn Konflikte nicht nachhaltig, also nicht mit Blick auf die Ursachen und die dahinterliegenden Bedürfnisse begleitet werden.

Mein hochkooperatives Kind ist für solche Dinge noch heute sehr empfänglich. Regeln, Strukturen und Verlässlichkeit sind ihm persönlich unheimlich wichtig. Zwar hinterfragt es den Sinn hinter jeder Regel, doch sobald es diesen für sich erfassen und validieren kann, hält es sich meist sehr verlässlich und strikt daran. Das ist bei meinen zwei anderen Kindern, die eher situativ handeln, durchaus anders.

Mit seinen fünf Jahren befand sich mein Kind damals allerdings auch in einem Alter, in dem Regeln und Gesetze allgemein sehr spannend für viele Kinder sind. Verbotsschilder beispielsweise übten eine magische Anziehungskraft auf es aus und es vergewisserte sich gerne, ob »man« etwas machen darf oder nicht.

Mein Kind lernte seine Welt kennen, suchte nach Orientierung und wollte sich zugehörig fühlen. Im Kindergarten hatte es offenbar gelernt, dass sich ein Fehler oder ein Schaden mit dem Wort »Entschuldigung« wiedergutmachen lässt. Wenn es dieses Wort allerdings gesagt hatte und der andere trotzdem weiterhin Ärger oder Schmerz bekundete, machte das mein Kind ziemlich verzweifelt und wütend. Schließlich hatte es doch »Entschuldigung« gesagt!

Die Absurdität dessen dürfte spätestens hier deutlich geworden sein: Es ist nicht möglich, sich selbst zu »ent-SCHULDigen«. Und auch Gefühle oder Schmerz können nicht auf Kommando abgestellt werden. Durch eine Entschuldigung ist nicht sofort alles wieder gut, vor allem dann nicht, wenn diese nicht ehrlich gemeint ist, also nicht im Sinne von: *»Ich bedauere, was ich verursacht habe, und es tut mir leid. Ich will es wiedergutmachen und beim nächsten Mal anders handeln.«* Wie kann aber eine erzwungene Entschuldigung jemals Ausdruck von Verständnis und Mitgefühl sein?

Hinter dieser Art von Regeln verbirgt sich eine bestimmte Haltung und ein Denken in Schuld: Wer Schuld hat, muss sich entschuldigen. Dadurch wird die Entschuldigung zum Akt der Strafe.[33] Das erklärt zum Teil die Wut meines Kindes: Es nahm seine Sanktionierung an, trotzdem war es noch immer nicht gut.

Eine solche Art von Entschuldigung macht letztlich viel mehr mit demjenigen, der sich entschuldigen soll, als mit demjenigen, der die Entschuldigung empfängt. Das zeigt sich gut in den Drohungen meines Kindes: Entweder die Person gesteht die eigene Schuld ein, wertet sich selbst ab und sagt das verlangte Wort, oder aber sie wird anderweitig bestraft: *»Sag mir jetzt Entschuldigung, sonst haue ich dich oder spiele nicht mehr mit dir!«*

Die Person, die eine Entschuldigung verlangt, erhebt sich über die andere. Diese wird dadurch herabgestuft. »Entschuldige dich!« ist damit ein Akt der Demütigung und der Machtdemonstration. Es straft.

Orientierung geben: Was Erwachsene sich von Strafen erhoffen

»Kinder brauchen Regeln, Strukturen und Grenzen. Das gibt ihnen Sicherheit.« – So lautet das allseits bekannte vermeintliche Patentrezept für gute Erziehung. Dahinter steckt der Wunsch, dem Bedürfnis von Kindern nach Orientierung und Halt entgegenzukommen. Zudem soll durch Konsequenz und Verlässlichkeit Vertrauen gestärkt werden.

Strafen sollen in diesem Zusammenhang Lerneffekte erzielen und der Abschreckung dienen, dafür sorgen, dass Regeln und Grenzen eingehalten werden. Strafen sind somit Mittel zum erzieherischen Zweck. Das Kind kann sich darauf verlassen, dass auf einen Fehltritt konsequent eine Strafe folgen wird, wodurch es die nötige Orientierung erfahren soll, um den eigenen Wirkungsrahmen verlässlich abzugrenzen. Es kann sich auf das Wort des Erwachsenen verlassen, was sein Vertrauen in ihn stärken soll. Ein Grundproblem bei dieser erzieherischen Gleichung ist, dass Beziehung nicht so funktioniert und wir dadurch junge Menschen bewusst oder unbewusst zum Objekt unserer Erziehung *degradieren*.

Im Austausch zwischen Eltern, insbesondere zwischen Müttern, geht es oft um ganz konkrete Alltagsprobleme im Zusammenleben mit Kindern. Es beginnt am Morgen beim Putzen der Zähne und endet am Abend beim Ins-Bett-Gehen. Dazwischen hält der Tag vielfältige Herausforderungen im zwischenmenschlichen Umgang zwischen Eltern und Kindern bereit.

Wir sind darauf trainiert, für ein konkretes Problem, wie beispielsweise »mein Kind verweigert das Zähneputzen«, nach einer sofortigen und einfach umzusetzenden Lösung zu suchen. Nicht selten sehen wir uns hierbei mit äußerst grenzüberschreitenden Empfehlungen konfrontiert, die die Zahngesundheit des Kindes gewährleisten sollen: Von Belohnungssystemen, über Gute-Nacht-Geschichte-Entzug bis hin zu »Dem-Kind-die-Zähne-im-Schwitzkasten-Putzen« ist alles anzutreffen. Dabei fokussieren wir uns in der Regel auf das Verhalten des Kindes, das anders ausfällt, als es nach erwachsenem Urteil sollte oder als es gut für die Gesundheit erscheint.

Das Kind soll lernen, dass es dazu keine Diskussionen gibt und dass mir als fürsorglichem Erwachsenen das Zähneputzen wichtig ist. Es ist oft sehr unbefriedigend für Eltern, wenn keine Methode oder sofort wirksame Maßnahme greifbar ist oder scheinbar keine Konsequenzen auf das Verhalten des Kindes folgen. Wie sollen Kinder sonst lernen, dass ihr Verhalten nicht in Ordnung ist, es ihnen oder anderen gar schadet? Wie sollen sie daran gehindert werden, dies zu wiederholen? Wie oft fallen Sätze wie: *»Würde ich das zulassen, dann würde mein Kind sich nie die Zähne putzen, ... sich nur noch von Süßigkeiten ernähren, ... den ganzen Tag am Tablet ›zocken‹«?*

Die Fähigkeit zur Selbstregulation wird – zumindest für das eigene Kind – in Abrede gestellt und die Wichtigkeit der orientierungsgebenden Konsequenz betont. Doch Orientierung erfahren Kinder durch verlässliche Beziehungen. Diese müssen nicht von Rigidität und Strafe geprägt sein, sondern sollten ihnen vielmehr positive Erfahrungen bieten, indem sie ihnen Schutz, Unterstützung, Anerkennung und vor allem bedingungslose Liebe sichern. Menschen, die solche verlässlichen Beziehungen erlebt haben und erleben, können mit Konflikten und Problemen kreativ und flexibel umgehen. Sie haben genug Vertrauen in sich und in die eigenen Fähigkeiten entwickelt, um mit den Widrigkeiten des Lebens fertigzuwerden.[34]

Eltern und LernbegleiterInnen wollen Kinder zum einem vor den Gefahren der heutigen Welt schützen und zum anderen auf das Leben von Morgen vorbereiten: *»Wie soll das erst in der Schule werden?«* oder *»Seinen Chef wird das später auch* *nicht interessieren!«* sind gängige Sätze, die fallen, wenn es darum geht, Erziehung und somit Strafmaßnahmen im Sinne von Orientierung zu rechtfertigen. Dabei wird gerne übersehen, dass Kinder bereits *jetzt* leben und die ständige Ausrichtung darauf, was einst in der *Zukunft* – zum Wohle des Kindes, versteht sich – sein könnte, eine offene, zugewandte, neugierige Beziehung im *Heute* unmöglich macht. Eine gegenwärtige Beziehung ist für die Entwicklung von Resilienz, Selbstwirksamkeit und Selbstwertgefühl jedoch maßgeblich.

Es ist per se absurd, für unsere Kinder die Ziele von morgen im Heute zu leben. Ganz abgesehen davon, dass auch wir Erwachsenen nicht wissen können, wie die Welt von morgen aussehen wird, welche Kenntnisse dann beispielsweise benötigt werden, wie also Erfolg in der Zukunft aussehen wird.

Schule, wie sie beispielsweise seit über 100 Jahren in Deutschland in Form von Unterricht, Noten, Wettbewerb, Rahmenlehrplänen und nicht zuletzt der Schulpflicht weitestgehend gelebt wird, erscheint in diesem Zusammenhang als der Inbegriff eines veralteten Systems mit Ausrichtung auf die Zukunft. Lob und Tadel sind dabei das gängige Mittel zum erzieherischen Zweck. Im Grunde genommen ist die gesamte Leistungsorientierung und das damit einhergehende Bewertungssystem in Schulen darauf ausgerichtet, Kontrolle von Verhalten auszuüben und eine Vergleichbarkeit von zu Objekten degradierten Individuen zu gewährleisten.

Die Forschung zeigt allerdings, dass Belohnung die intrinsische Motivation zerstört[35] und dass Menschen, die gemaßregelt werden, um bestimmte Ziele zu erreichen, sich nicht geliebt fühlen,[36] sondern sich selbst infrage stellen.[37] All dies steht einer gesunden, erfolgreichen Zukunft im Wege.

Zuckerbrot und Peitsche

Lob- und Belohnungsmechanismen werden gerne als positive Alternative zur Strafe dargestellt. Menschen sollen für erwünschtes Verhalten belohnt und nicht für unerwünschtes bestraft werden. Das Ziel ist jedoch auch hier, Verhalten zu steuern und junge Menschen entsprechend den eigenen Vorstellungen, Werten und Zielsetzungen zu formen.

Schulen mit ihren Bewertungsmechanismen und einer strikten Zukunftsausrichtung, wie dies im deutschen Regelschulsystem anzutreffen ist, arbeiten nach diesem Grundsatz: Entsprichst du den Erwartungen, erhältst du gute Noten. Tust du es nicht, fällst du *raus*. Die Angst vor gesellschaftlicher Ausgrenzung durch schulisches Versagen ist da und wird gerne als Druckmittel benützt. So eifern Jahr für Jahr junge Menschen guten Noten nach oder zerbrechen unter dem Druck und der Schmach, die Erwartungen nicht erfüllen zu können.

Hier ein Erlebnis aus meiner Kindheit, das zeigt, wie meine Freude auf die Schule abrupt nachließ:

Meine Mutter verließ im Herbst 1992 mit mir und meinen zwei älteren Brüdern meine erste Heimat Brasilien. Ich besuchte anschließend in Deutschland das zweite Halbjahr der vierten Klasse einer katholischen Grundschule. Dort erfuhr ich beim Erlernen der deutschen Sprache eine Menge Unterstützung. Der Schuldirektor nahm sich regelmäßig und sehr zugewandt Zeit, um mit mir gemeinsam Vokabeln und Grammatik zu üben. Daneben erhielt ich zweimal in der Woche während des regulären Deutschunterrichts durch eine sehr nette Mutter in unserer Klasse Förderung. In diesem ersten Dreivierteljahr lernte ich die deutsche Sprache sehr schnell und gut. Und so langweilte ich mich bald an der Realschule, auf die ich nach der Grundschule gewechselt war.

Bereits nach der sechsten Klasse wechselte ich weiter auf das Gymnasium.

In meiner allerersten Schulwoche dort sollte mir die Lust auf das Erlernen von Sprachen, trotz der zuvor sehr positiven Erfahrungen und trotz der guten Noten in Deutsch und Englisch, für viele Jahre genommen werden. So machte ich auf der neuen Schule die Bekanntschaft mit einem Englischlehrer, der mich in der ersten gemeinsamen Stunde dazu aufforderte, einen Text vorzulesen. Das tat ich bereitwillig, wurde aber sehr abrupt wieder unterbrochen. Mein Lehrer teilte mir vor versammelter Klassengemeinschaft mit, dass mein rollendes »R« eine Zumutung sei und dass aus mir nichts werden könne. Er attestierte mir das Fehlen von jeglichem Talent, Sprachen zu erlernen, und ich tat in den folgenden Jahren alles, um seinem Urteil gerecht zu werden. Der Englischunterricht war für mich wortwörtlich gestorben und eine willkommene Auszeit zum Malen, Briefe schreiben oder um meine Gedanken schweifen zu lassen.

In der zehnten Klasse bekam ich eine neue Englischlehrerin. Ich wollte unbedingt Abitur machen und sah in dem Lehrerwechsel die Chance, endlich von meiner Fünf wegzukommen. Daher bereitete ich mich sehr intensiv auf die erste Klausur vor und freute mich, als ich ein »Befriedigend« für meine Leistung nach dreijähriger »Auszeit« erhielt.

Meine Motivation kehrte zurück und ich überlegte mir, dass ein Austauschjahr im englischsprachigen Ausland in der elften Klasse eine gute Idee sein könnte, um meine Lücken zu füllen und die verpasste Chance der vergangenen Jahre wieder auszugleichen. Schließlich hatte ich auch Deutsch am schnellsten in einer deutschsprachigen Umgebung gelernt. Mir war aber auch klar, dass ein teures Austauschprogramm aus finanziellen Gründen nicht infrage käme und so bewarb ich mich ganz selbstständig für das dreimonatige Stipendium unserer Schule nach England.

Sehr bald wurde ich von der zuständigen Lehrerin zu einem Gespräch eingeladen. Es gab mit mir zwei weitere BewerberInnen, ihre Tochter und der Sohn eines Lehrerkollegen. Wir besuchten dieselbe Schulklasse. Die Lehrerin teilte mir unmittelbar mit, dass ich keine Chance auf das Stipendium hätte, denn dieses sei schließlich ihrer Meinung nach eine »Belohnung« für besonders gute SchülerInnen, wozu ich mit einer Drei im Halbjahreszeugnis und der Vier bis Fünf in den vergangenen Jahren definitiv nicht zählen würde. Das sei die Strafe für mein Verhalten der vergangenen Jahre.

Meine Motivation war also wieder dahin. Die Belohnung für andere wurde zur Strafe für mich. Die Ursache meines ursprünglichen Leistungsabfalls wurde nie hinterfragt und auch die aktuelle Anstrengung, wieder auf eine gute Note zu kommen, nicht anerkannt. Es war eine sehr ernüchternde Erfahrung für mich, wenngleich ich dem Argument gut folgen und Verständnis entgegenbringen konnte. Damals sprach ich bereits zwei Sprachen auf muttersprachlichem Niveau, lernte in der Schule neben Englisch zwei weitere Sprachen (eine davon freiwillig in meiner Freizeit in der AG), von denen ich mich in beiden gut bis fließend unterhalten konnte, aber in mir war die Idee, kein Sprachtalent zu haben, tief verankert worden. Ich hatte, so dachte und fühlte ich, mir meine Chance unwiederbringlich »versaut«.

Für das Abitur wechselte ich zur zwölften Klasse erneut die Schule und wählte Englisch zugunsten von Spanisch endgültig ab. Erst gut acht Jahre später traute ich mich erneut an die Sprache heran und machte in Kanada einen Kurs für ein Zertifikat in Wirtschaftsenglisch. Eine zweimonatige Reise durch Florida sollte mich anschließend mit der Sprache versöhnen und meinen Glaubenssatz weitestgehend auflösen.

Erst da erkannte ich nämlich, dass es mir unglaublich leichtfällt, Sprachen zu lernen. Es kostete mich insgesamt gut 15 Jahre, innerhalb derer ich das kleine Latinum erwarb, zwei Sprachen auf muttersprachlichem Niveau erlernte und mir Kenntnisse in drei weiteren Sprachen aneignete, um meine eigene Leistung und meine Fähigkeiten anzuerkennen.

Mich von der Bewertung anderer gänzlich freizumachen – an diesem Ziel arbeite ich immer noch.

Nie sollte mir in Zukunft ein Urteil wie das damalige »Befriedigend« in der Englischklausur so viel Mühe und Überwindung abverlangen. Meine Arbeit wurde mit einer erfreulichen Note belohnt, die aber ohne die Anerkennung von außen für mich als Heranwachsende wenig wert war. Das Ausbleiben dieser Anerkennung kam einer Strafe gleich. Meine Motivation zur guten Note in Englisch entsprang meinem Vorhaben, Abitur zu machen. Englisch war zu diesem Zeitpunkt lediglich Mittel zum Zweck und kein Selbstzweck. Wie hätte mich da ein »Befriedigend« langfristig motivieren sollen?

Das Fehlen einer Belohnung wird schnell zur Strafe, auch dann, wenn die Strafe nicht beabsichtigt ist. Auf Kontrolle und Steuerung des Verhaltens von Kindern zielen alle bekannten Belohnungs- und Bewertungssysteme ab. Nur lassen sich die Auswirkungen kaum kontrollieren oder verursachen »Kollateralschäden«. Es ist daher kein Gewinn, wenn an die Stelle von Strafen Belohnungen treten. Auch diese sind verhaltensorientiert und degradieren Kinder zum Objekt der erzieherischen Maßnahme. Lob und Tadel sind zwei Seiten ein und derselben Medaille.

Strafen und ihre Facetten: Was Strafen wirklich sind

Wenn Kinder sich unangemessen verhalten, wild sind, andere ärgern, unter Druck setzen, herumkommandieren, schreien, ihre Macht ausspielen oder in irgendeiner anderen Weise unangenehm auffallen, ihre Eltern entweder hilflos wirken oder gar nicht reagieren, so schlussfolgern andere Erwachsene gerne daraus, dass diese Kinder zu wenig Konsequenz erleben. Die Annahme, rücksichtsloses oder gar egozentrisches Verhalten entstünde durch fehlende Maßregelung und Bestrafung ist jedoch falsch.[38]

Kinder benötigen statt Konsequenz eine ehrliche Resonanz, sie benötigen Menschen um sich, die für ihre eigene Integrität einstehen und zeitgleich die Integrität des Kindes wahren können. Kinder brauchen Erwachsene, die in der Lage sind, Beziehung auszuhalten, Bedürfnisse zu erkennen und junge Menschen mit allen dazugehörigen Emotionen im Leben zu begleiten.

Strafen hingegen legen den Fokus auf das Verhalten und die Demonstration von Macht. Das Kind wird hierbei durch den Erwachsenen bewusst manipuliert. Dem zugrunde liegt ein überwiegend negatives Bild vom Kind, welches erst zum (guten) Menschen geformt werden müsse. Die altersbedingte Unreife und die noch nicht vorhandenen Fähigkeiten des Kindes finden in diesem Bild keinerlei Berücksichtigung: So wird auf die fehlende Reife, die sich beispielsweise in der geringen Impulskontrolle zeigt, überhaupt nicht eingegangen oder Rücksicht genommen.

Verhaltensmanipulation und Willkür: Bestrafung als »logische Konsequenz«

Viele Eltern und Pädagogen, aber auch Elternratgeber und Erziehungsexperten sind der Meinung, Kinder müssten erfahren, dass ihr Verhalten Folgen nach sich zieht. In diesem Zusammenhang wird heute gerne von »logischen Konsequenzen« gesprochen, um den Vorwurf der Willkür zu entkräften. Schauen wir uns einige gängige Beispiele im Alltag in der Erwachsenen-Kind-Beziehung an:

- *»Wenn du in die Pfütze springst, gehen wir nicht auf den Spielplatz!«*
- *»Wenn du keine Hausaufgaben machst, dann darfst du nicht am Computer spielen!«*
- *»Wenn du zu spät nach Hause kommst, dann bekommst du Hausarrest.«*
- *»Wenn du dein Zimmer nicht aufräumst, dann gibt es kein Taschengeld.«*
- *»Wenn du dich nicht benimmst, dann bekommst du kein Geschenk.«*
- *»Wenn du nicht ins Bett gehst, dann gibt es heute keine Gute-Nacht-Geschichte mehr für dich.«*
- *»Wenn du deine Zähne nicht putzt, dann kannst du keine Süßigkeiten (mehr) essen.«*

Die Liste und der Einfallsreichtum der Erwachsenen in Bezug auf angeblich logische Konsequenzen ist schier unendlich. Auch mir gehen solche Sätze schon mal reflexartig über die Lippen. Was ist aber das Problematische daran?

Es sind keine Konsequenzen. Logische noch viel weniger. Nennen wir es erneut beim Namen: Es sind Androhungen von Strafen. Eine Konsequenz hingegen ist eine *unabdingbare* Folge auf etwas. Sie ist logisch und zwingend. Schauen wir uns eines der genannten Beispiele genauer an und überlegen wir uns, wie wir den Satz umformulieren könnten, damit er tatsächlich echte Konsequenzen und somit die Folgen eines bestimmten Verhaltens ausdrückt:

»Wenn du in die Pfütze springst, dann wirst du nass!«

Eine Pfütze enthält Wasser und wenn ich – ohne Schutzkleidung – hineinspringe, führt das logischerweise und zwingend dazu, dass ich nass werde.

Die Frage ist also: Was hat der Spielplatz damit zu tun? Schauen wir uns zwei mögliche Szenarien an:

Das Kind sieht eine Pfütze. → Die Begleitperson ermahnt das Kind, nicht in die Pfütze zu springen. → Das Kind interessiert sich weiterhin für die Pfütze. → Die Begleitperson »warnt«, sie werde den Spielplatzbesuch streichen, sollte das Kind in die Pfütze springen. → Das Kind hat Angst, nicht auf den Spielplatz zu dürfen. → Das Kind springt nicht in die Pfütze. → Das Kind darf weiterhin auf den Spielplatz.

Oder:

Das Kind sieht eine Pfütze. → Die Begleitperson ermahnt das Kind, nicht in die Pfütze zu springen. → Das Kind interessiert sich weiterhin für die Pfütze. → Die Begleitperson »warnt«, sie werde den Spielplatzbesuch streichen, sollte das Kind in die Pfütze springen. → Das Kind springt in die Pfütze. → Das Kind wird nass. → Die Begleitperson wird sauer. → Das Kind darf nicht mehr auf den Spielplatz.

Die Begleitperson wird dann vermutlich folgendermaßen argumentieren:

1. Ich habe vorgewarnt.
2. Mit nassen Sachen kann man nicht auf den Spielplatz.
3. Das Kind muss lernen zu hören.

Die Absage des Spielplatzbesuches ist hier aber keine Konsequenz auf den Sprung des Kindes in die Pfütze. Es ist eine Strafe. Eine Strafe zum Zweck der Erziehung, denn der Erwachsene wünscht sich vom Kind ein anderes Verhalten, genauer: Folgsamkeit.

Auf die Androhung einer Strafe reagiert das Kind im ersten Fall mit Angst und Gehorsam sowie möglicherweise mit Frust, oder aber es reagiert wie im zweiten Fall, indem es die Drohung ignoriert. Möglicherweise begegnet es anschließend der konsequenten Umsetzung der Strafe ebenfalls mit Frust. Aber da das Kind vorgewarnt war, in den Augen des Erwachsenen etwas Falsches tat und eben lernen sollte, zu hören, wird es in den meisten Fällen auch in der Frustration nicht adäquat begleitet, sondern weiterhin ermahnt oder ignoriert werden.

Was ist aber mit der Vorwarnung? Die Vorwarnung war die Androhung einer Strafe. Keine Warnung vor einer logischen Konsequenz. Diese hätte lauten müssen:

»Wenn du in die Pfütze springst, dann wirst du nass!«

Es hätte darauf weitere Konsequenzen geben können:

»Wenn du in die Pfütze springst, dann wirst du womöglich nass, und du bleibst erst einmal nass, weil es nicht warm genug ist, ich dich nicht abtrocknen kann und keine Wechselkleidung dabeihabe.«

Wie verhält es sich mit meiner Fürsorgepflicht? *»Mit nassen Sachen kann man nicht auf den Spielplatz!«* Kann man schon, aber womöglich habe ich als Begleitperson gute Argumente, warum ich es nicht möchte. Zum Beispiel mache ich mir Sorgen um die Gesundheit meines Kindes. Das kann ich meinem Kind auch erklären. Oder aber ich kann darauf achten, immer genügend Wechselkleidung dabeizuhaben, gerade wenn mein Kind noch keine langen Erklärungen aufnehmen kann und es öfter zu solchen Situationen kommt.

In Wahrheit stecken hinter der Warnung *»Wenn du in die Pfütze springst, gehen wir nicht auf den Spielplatz!«* Überforderung, die Angst vor Konflikten, das Fehlen von alternativen Strategien zur Problemlösung oder veraltete Glaubenssätze in Bezug auf Kindererziehung (darunter die Überzeugung, junge Menschen hätten zu hören).

Dabei meinen viele Erwachsene, die einen beziehungsfördernden Weg einschlagen wollen, eigentlich Folgendes:

> *»Wenn du in die Pfütze springst, dann wirst du nass und bleibst auch erst einmal nass, da ich keine Wechselkleidung für dich dabeihabe. Mit nassen Sachen will ich dich allerdings nicht auf den Spielplatz lassen, da ich mir Sorgen um deine Gesundheit mache. Ich will dann, dass wir zum Umziehen nach Hause gehen, doch möglicherweise wird es dann zu spät für den Spielplatz (oder ich habe einfach keine Energie, noch einmal loszugehen).«*

Ist das dann auch eine logische Konsequenz? Nein! Die logische Konsequenz bleibt: *»Wenn du in die Pfütze springst, dann wirst du nass!«* Das Ergebnis kann dennoch am Ende dasselbe sein, nämlich, dass der Spielplatzbesuch ausfällt. Allerdings nicht, weil ich mein Kind bestrafen und erziehen will oder weil das Spielplatzverbot eine logische Konsequenz der kindlichen Handlung ist, sondern weil ich mir Sorgen mache, seiner Gesundheit nicht vertraue oder schlicht keine bessere Lösung kenne. Die Verantwortung belasse ich bei mir. Meine Haltung ist eine vollkommen andere.

Es geht dabei weder darum, ein Kind durch einen elterlichen Monolog zu überfordern, noch geht es darum, die Absolution und das Verständnis des Kindes zu erhalten. Wichtig ist das Bewusstsein darüber, worum es uns *in Wahrheit* geht. Mit Bewusstsein und entsprechender Klarheit lässt sich viel leichter nach Alternativen zu den als Konsequenz getarnten Strafen suchen.

Sollst du also dein Kind »in sein Unglück rennen« lassen, wenn du schon ahnst, dass am Ende der Spielplatzbesuch wahrscheinlich ausfallen könnte? Nein! Übernimm die Verantwortung und zeige deinem Kind die Alternativen, indem du ihm klarmachst:

Wir gehen zuerst auf den Spielplatz, und du springst auf dem Rückweg in die Pfütze. Oder aber: Du springst jetzt in die Pfütze und wir gehen danach (erst einmal) nach Hause. Der Spielplatz fällt für heute (möglicherweise) aus.

Folgender Satz kann das ausdrücken:

»Warte, du wirst nass! Lass uns zuerst auf den Spielplatz gehen, auf dem Rückweg springst du!«

Wenn das Kind zu diesem Zeitpunkt nicht sowieso längst gesprungen ist, hast du vermutlich nun die notwendige Aufmerksamkeit und ihr könnt das Thema gemeinsam besprechen. Oder aber das Kind ist längst auf dem Arm oder an der Hand auf dem Weg zum Spielplatz. Möglicherweise reagiert es aber auch frustriert, weil es *jetzt* springen will und dennoch unbedingt auf den Spielplatz gehen möchte. Oder aber, weil es gesprungen ist und du nun gerne nach Hause willst.

Dann ist es deine Aufgabe, zu trösten und zu begleiten. Genau das ist es, was das Kind lernen soll: Ich werde gesehen und ernst genommen. Bei einer Strafe gelingt das nicht, denn bei ihr zählt einzig, was der Erwachsene will: das Verhalten des Kindes nach seinen Vorstellungen und Bedürfnissen formen.

Formen von Strafen

Kinder sind Menschen und ihre Würde ist unantastbar. Das Wissen darum stellt die Basis für das Miteinander zwischen Kindern und Erwachsenen dar. Strafen stehen einer gleichwürdigen Beziehung im Weg. Sie sind Ausdruck von Machtmissbrauch, um einen anderen Menschen zu verändern, zu beeinflussen und aus erzieherischen Gründen gar zu schädigen. Im Folgenden einige Ausdrucksformen dieser Maßnahmen und Handlungen, die junge Menschen bestrafen:

Körperliche Bestrafungen
Für viele sind sie ein Relikt alter Zeiten und Kinder in Deutschland vor ihnen gesetzlich geschützt. Allerdings geht aus dem 2017 vom Kinderhilfswerk UNICEF veröffentlichten Bericht »A Familiar Face: Violence in the lives of children and adolescents«[39] hervor, dass immer noch schätzungsweise drei Viertel der zwei- bis vierjährigen Kinder weltweit körperliche oder verbale Gewalt durch ihre Hauptbezugspersonen zu Hause erleben. Auch im institutionellen Umfeld wie Schule und Kita erleben Kinder laut diesem Bericht signifikante Gewalt durch Erwachsene.

Auf der Online-Beratungsseite der Polizei[40] wird in Bezug auf Gewalt gegen Kinder darauf hingewiesen, dass empirischen Studien zufolge die körperliche Züchtigung als erzieherisches Mittel auch in Deutschland noch immer toleriert wird und »etwa fünf bis zehn Prozent aller Eltern schwerwiegende und relativ häufige Körperstrafen bei ihren Kindern anwenden«. Zehn Prozent!

Aber es wird noch deutlicher: Laut Bericht des Bundeskriminalamtes (BKA)[41] sind 2018 mehr als 4.000 Kinder in Deutschland misshandelt, 136 gar gewaltsam getötet worden. Nicht unerwähnt lassen möchte ich die knapp 15.000 (!) Kinder, die Opfer sexualisierter Gewalt wurden. Das sind wahrlich erschreckende Zahlen, sie sind mitnichten kleinzureden. Die Täter kommen in der Regel aus dem nahen, zumeist familiären Umfeld der Kinder.[42]

Körperliche Züchtigungen von Kindern sind in Deutschland aus guten Gründen verboten. Sie richten langfristige und schwerwiegende Schäden an, wie zahlreiche Studien belegen.[43] Dies scheint weitestgehend im öffentlichen Bewusstsein angekommen zu sein. Die oben genannten Zahlen erschrecken, rühren aber zugleich auf: Körperliche Gewalt an Kindern ist alltägliche Realität!

Der »Klaps« wird, neben *leichten* Ohrfeigen, vielerorts als valides und harmloses Züchtigungsmittel angesehen[44]. Meist ist die Empörung zurecht groß, wenn bekannt wird, dass öffentliche Einrichtungen körperliche Strafen anwenden. Im Schutz der eigenen vier Wände scheint die Meinung jedoch nicht selten eine andere zu sein. So riefen 2018 verschiedene deutsche Radiosender, wie beispielsweise Antenne Bayern, in den sozialen Netzwerken[45] zur Teilnahme an Umfragen auf. Die unten sinngemäß wiedergegebene Frage löste einen berechtigten Shitstorm aus, denn sie suggeriert, hierbei handele es sich um eine Meinungsäußerung:

»Ist ein Klaps in der Erziehung von Kindern legitim?
Ja oder Nein?«

Jegliche Zufügung unangenehmer oder schmerzhafter Reize zum Erziehungszweck stellt eine Form der Gewalt dar. De facto sprechen wir hier über eine Straftat. Die Ergebnisse der Umfrage waren allerdings ernüchternd. Laut Auskunft der jeweiligen Sender ergaben die repräsentativen Umfragen, dass gut fünfzig Prozent der Menschen in unserem Land das Schlagen von Kindern – in Form eines »Klapses« – als erzieherische Strafmaßnahme für legitim hält.[46]

Auch andere Arten von körperlicher Gewalt scheinen allgemein akzeptiert zu sein. So werden Kinder – wie mir einst eine ehemalige Arbeitskollegin über ihre Morgen- und Abendroutine mit ihren zwei Kindern vollkommen unbeeindruckt berichtete – tagein tagaus mehrfach in den Schwitzkasten genommen, um ihnen eine Zahnbürste in den Mund einzuführen. Zähneputzen dient schließlich der Gesundheit, da scheint beinahe jedes Mittel recht, wie zahlreiche YouTube-Videos, aber auch die Empfehlungen auf den Seiten zahnärztlicher Fachverbände zeigten und belegen. Wie gewaltvoll diese Handlung ist, fällt vielen offenbar gar nicht auf. Es scheint nach wie vor undenkbar, dass man seiner Fürsorgepflicht nachkommen und dennoch auf Gewalt verzichten kann. Dies verkennt, dass Prävention dem Schutz der körperlichen und der psychischen Integrität gleichermaßen dient, dass sie also sowohl kranken Zähnen als auch den Folgen von physischer Gewalt vorbeugen soll. Indem wir eine gewaltvolle Handlung zur *körperlichen* Prophylaxe ausüben, riskieren wir gleichzeitig Schäden im Bereich der *seelischen* Gesundheit.

Seelische Bestrafungen

Zahlreiche Studien zeigen, dass Kinder als Reaktion auf Prügelstrafen ein aggressives und unsoziales Verhalten entwickeln und somit genau das Gegenteil dessen geschieht, was sich prügelnde Erwachsene wünschen.[47] Andere Studien belegen, dass auch *verbale* Strafen Verhaltensstörungen und Depressionen verursachen.[48] Diese Art der Bestrafung von Kindern hat also genau wie die körperlichen Züchtigungen gravierende Folgen, wird aber nach wie vor häufig in Familien, Schulen und Kitas gelebt – angeblich als ein alternativloses und legitimes Mittel.

Erpressung, Manipulation, Drohungen, Ignorieren. All das stellt die Liebe unter Bedingungen und bedient sich der kindlichen Abhängigkeit. Es ist eine äußerst perfide Form der Bestrafung, die oft so subtil daherkommt, dass sie bereits zur Selbstverständlichkeit geworden ist:

»Wenn du nicht das tust, was ich von dir will, dann

– *bestrafe ich dich*
– *entziehe ich dir etwas, das dir wichtig ist*
– *erlaube ich dir nicht, etwas zu tun, worauf du Lust hast.«*

Heute werden solche Maßnahmen gerne als »logische Konsequenz« bezeichnet (siehe das »Pfützen-Beispiel« im vorangegangenen Kapitel), was aber schlicht falsch ist. Sie sind willkürlich sowie konstruiert.

Ganz oft bedienen sich Menschen dieser Mittel, wenn sie sich ohnmächtig und in ihrer Selbstwirksamkeit beschnitten fühlen. Da ist das Kind, das sich nicht anziehen oder den Spielplatz nicht verlassen will. Ganz schnell ertönt:

»Wenn du nicht sofort kommst, gehe ich eben ohne dich!«

Oder der kleine Junge, der sich seine Windel nicht wechseln lässt und zu hören bekommt:

»Entweder du lässt mich deine Windel wechseln, oder ich lasse dich nicht mehr fernsehen.«

So wie das kleine Mädchen, das nicht hören mag und mit einer Schokolade geködert wird, oder der Schüler, der seine Hausaufgaben nicht mehr machen möchte und deshalb nicht raus zum Spielen darf.

In einer Familie meines näheren Umfeldes war und ist es üblich, bei Konflikten nicht miteinander zu sprechen. Eine sehr trennende und schmerzhafte Bestrafung, da teilweise wochenlang geschwiegen wird. Diese Erziehungsstrategie des erzieherischen Ignorierens wird von Generation zu Generation weitergegeben. Zuerst leiden die abhängigen Kinder, dann die im Alter abhängigen Eltern.

Bei seelischer Bestrafung wird mit der Angst und dem Urvertrauen gespielt. Kinder werden unter anderem gedemütigt, aber auch beschimpft und bloßgestellt – oft ganz selbstverständlich und allgemein akzeptiert. Im Namen der Erziehung werden beispielsweise Kinder, die in der Schule mobben, anschließend von ihren Eltern auf ähnliche Weise gemobbt und sogar im Internet zur Schau gestellt.[49]

All das ist unwürdig und vor allem vollkommen unnötig. Es zeigt aber die Not vieler Erwachsener, die denken, sie müssten – womöglich sogar zum Wohle des Kindes – so agieren. Wie aber fühlt sich ein Mensch, der so behandelt wird? Der unter Druck gesetzt, erpresst, manipuliert oder gar angeschrien wird – Techniken, die laut Studien[50] ähnliche Auswirkungen auf den Menschen haben wie körperliche Gewalt?

Adultismus

Adultismus ist die Benachteiligung junger Menschen aufgrund ihres Alters und eine Form von struktureller Gewalt. Kinder werden dabei schlicht aufgrund ihres Alters diskriminiert. Doch auch für Kinder gelten selbstverständlich die Menschenrechte.

Kinder und Jugendliche fühlen sich in Schule, Familie und Gesellschaft häufig nicht ernst genommen.[51] Wir haben allgemein sehr wenig Ahnung von ihnen, ihren Potenzialen, Wünschen und Träumen. Sie werden aufgrund einer stereotypen Vorstellung beurteilt und erleben einen Umgang auf der Grundlage vieler falscher Glaubenssätze und Vorurteile. Erwachsene haben oft wenig Vertrauen in sie, kontrollieren, limitieren und diskriminieren sie immer wieder. So wird erwartet, dass Kinder teilen, während die eigenen Eltern beispielsweise auf getrennte Konten beharren und sehr genau darauf achten, wem das Familiengeld jeweils gehört.

Kinder werden auf Spielplätzen ständig dazu angehalten, ihre Spielsachen großzügig herzugeben. Selbstverständlich leihen auch Erwachsene ihr Handy kurz für einen Anruf oder Ähnliches aus. Aber nur, wenn sie es wollen, die Person kennen (!) und vor allem, wenn sie entsprechend darum gebeten werden.

Obwohl Erwachsene täglich viel Zeit vor digitalen Geräten verbringen, verbieten sie ihren Kindern die Nutzung dieser oder reglementieren ihren Gebrauch, weil sie ihre Kinder für *zu jung* halten. Ohne Frage, sie wollen sie in der Regel schützen, aber dabei bleibt das einzige Argument zumeist ihr Alter und die darin begründete Unreife für eigene Entscheidungen oder die nicht abgeschlossene Hirnentwicklung. Das Problem dabei ist: Eltern schützen ihre Kinder vor ihrem eigenen Willen, aber nicht vor dem Willen anderer. Das Recht auf uneingeschränkte Selbstbestimmung und gleichberechtigte Teilhabe, die jungen Menschen gleichermaßen zusteht und nicht beim Umgang mit digitalen Endgeräten haltmacht, bleibt unbeachtet.

Nein, das ist keine Aufforderung, Kinder »vor der Glotze oder dem Tablet zu parken«. Es ist ein Aufruf zu einem gleichwürdigen Umgang zwischen Erwachsenen und Kindern, der das Hinterfragen der eigenen Glaubensmuster bei den Erwachsenen erfordert. Kinder sind junge Menschen. Menschsein ist der gemeinsame Nenner von Erwachsenen und Kindern, der die Grundlage der Beziehung zueinander sein sollte. Dazu gehört Respekt, also die Berücksichtigung der Möglichkeiten und Fähigkeiten des Kindes und die Rücksichtnahme darauf. Weil wir dies als Erwachsene aufgrund unserer Reife und Lebenserfahrung können, liegt die Verantwortung für die Beziehungsgestaltung und -qualität bei uns!

Adultismus ist die Grundlage, auf der erzieherische Maßnahmen fußen und die eine Begleitung von Kindern auf Augenhöhe behindert. Diskriminierung zeigt sich darin, wie wir mit und über junge Menschen sprechen. Sie manifestiert sich in willkürlicher Fremdbestimmung und unzähligen Freiheitseinschränkungen. Dass physische Gewalt gegenüber Kindern und gegenüber erwachsenen Menschen mit zweierlei Maß gemessen wird, ist die stärkste Ausdrucksform von adultistischer Diskriminierung.

Kontrolle

Wir Eltern stecken in einem Dilemma. Wir wollen unsere Kinder schützen. Das ist ein legitimer Wunsch und auch unsere Aufgabe. Zugleich aber wollen wir, dass unsere Kinder eines Tages auf eigenen Beinen stehen. Das bedingt, dass wir loslassen, damit sie sich ausprobieren und eigene Erfahrungen machen können. Dazu gehört auch, falsche Entscheidungen treffen zu dürfen.

Kinder brauchen Freiraum *und* Geborgenheit. Diese zwei Pole in Balance zu halten, ist nicht einfach. Doch wird Schutz sehr schnell mit Kontrolle verwechselt und Vertrauen als etwas definiert, was sich ein Kind zunächst verdienen muss. Vor allem scheint es erst dann vertrauenswürdig zu sein, wenn es das tut, was der Erwachsene für richtig hält. Und so wird reglementiert und von vornherein angenommen, dass Kinder bestimmte Kompetenzen nicht aufweisen können.

Die Frage ist: Glauben wir, dass unser Vorbild so schlecht ist, dass wir uns davor fürchten, unsere Kinder könnten uns kopieren? Wäre es da nicht fairer und sinnvoller, an uns zu arbeiten, anstatt die Welt unserer Kinder zu beschränken? Wenn ich beispielsweise Zucker für Gift halte, reicht es da nicht, den Verzicht vorzuleben, indem ich selbst auf Zucker verzichte? Indem ich auf Nachfragen mit meinem Kind in Austausch gehe und ihm erkläre, was die Gründe dafür sind? Ist es fair, (heimlich) zu naschen, es aber dem Kind zu verbieten? Oder gar den Nachtisch als Druckmittel einzusetzen, um eigene Ziele zu erreichen? Ist es nicht legitim, dass mein Kind eigene Erfahrungen macht und für sich andere Entscheidungen trifft? Ich kann es nicht vor meinen eigenen schlechten Erfahrungen schützen. Beim Versuch treibe ich es womöglich genau dorthin. Was ich aber tun kann, ist, mir Verletzlichkeit zuzugestehen und über gemachte Erfahrungen und daraus resultierende Erkenntnisse offen zu sprechen.

Wie sollen Kinder selbstständig werden, wenn sie sich nicht ausprobieren und – ja – auch Fehler und eigene Erfahrungen machen dürfen? Wie sollen sie zu sich selbst Vertrauen entwickeln, wenn ihre wichtigsten Bezugspersonen ihnen dies verwehren? Nur wer scheitern und Fehler machen darf, wird über sich hinauswachsen und sein volles Potenzial entfalten können. Im Coaching nennen wir dies »Verlassen der Komfortzone«. Kontrolle ist vor allem auch keine nachhaltige Strategie. Ich mache im privaten und beruflichen Umfeld immer wieder die Erfahrung, dass Kinder, die auf diese Art aufwachsen, das erwünschte Verhalten oft nur im Beisein der kontrollierenden Erwachsenen aufweisen. Stark regulierte Kinder neigen dann dazu, bei Freunden oder in einem anderen Umfeld, über die Stränge zu schlagen oder aber sich in der Schule oder in der Kita vollkommen anders zu verhalten als zu Hause und umgekehrt.

Anstatt zu kontrollieren und zu verbieten, können wir unseren Kindern eine Umgebung schaffen, die Schutz und genügend Raum zur selbstbestimmten Entfaltung bietet. Das ist zum Beispiel einer der Gründe, warum ich eine Schule gegründet habe. Ich wollte meinen und anderen Kindern einen Raum zur Verfügung stellen, in dem sie gleichwürdig und respektvoll behandelt werden sowie selbstbestimmt leben und lernen können. Sie allein entscheiden, ob, wann, wo, wie, womit, mit wem und was sie lernen wollen. Dies setzt eine Menge Vertrauen in Kinder voraus, in ihre Kompetenzen und in die Lernprozesse von Menschen an sich. Aber auch in die Erwachsenen, die sie begleiten.

Es liegt in der Verantwortung von uns Erwachsenen, den Lebensrahmen unserer Kinder vorzubereiten und ihren Bedürfnissen entsprechend anzupassen.

Ausnutzung der finanziellen Abhängigkeit

Geld prägt und beeinflusst die Glaubenswelt vieler Menschen stark. Bis heute werden Frauen durch Geld kleingehalten. Sie verdienen – selbst in einem fortschrittlichen Land wie Deutschland – noch immer deutlich weniger als ihre männlichen Kollegen und sind oft finanziell von ihrem Partner abhängig.

Wer Geld hat, hat Macht – heißt es zumindest im Volksmund. Das nutzen Eltern nicht selten sogar sehr bewusst aus. Kinder sind vollkommen abhängig und können nur über ihre Eltern an finanzielle Mittel gelangen. Sie müssen – auch wenn ihren Eltern genügend Geld zur Verfügung steht – auf bestimmte Feiertage warten, in der Schule die erwarteten Leistungen erbringen oder auf das Wohlwollen ihrer Eltern hoffen, um sich Wünsche zu erfüllen.

Während ein Handy für Erwachsene häufig als Gebrauchsgegenstand betrachtet wird, welcher, wenn nötig, sofort ersetzt wird, müssen Kinder mitunter Monate lang auf ein neues

Gerät warten, wenn das alte den Geist aufgegeben hat. Wie oft gönnen sich Eltern beim Einkaufen ein Extra wie das Feierabendbier oder etwas Besonderes zum Essen, um dann an der Kasse ihren Kindern trotz finanzieller Möglichkeiten eine Süßigkeit oder eine Zeitschrift mit »billigem Plastikzeug« zu verwehren – aus Prinzip? Sei es, weil sie es für nicht sinnvoll erachten, finden, das Kind besitze schon genug, oder weil sie Plastikspielzeug nicht schätzen. Wenn das Kind dennoch weiter darum bittet, wird oft geurteilt, es sei »trotzig« und undankbar.

Es geht nicht darum, dass wir in einer solchen Situation verschweigen, was uns wichtig ist. Mir persönlich ist zum Beispiel ein ressourcenschonender und bewusster Umgang sehr wichtig, und ich halte den Austausch mit meinen Kindern darüber für unabdingbar. Meine Einschätzung ist ihnen nicht egal und sie wollen in der Regel meine Meinung wissen. Kinder brauchen unsere Orientierung oft nicht nur, sie fordern diese sogar deutlich ein.

Es geht mir vielmehr darum, mit welcher Haltung ich dem Wunsch des Kindes gegenüberstehe. Ist es mein Geld, weil ich es erwirtschaftet habe oder ist es unser Geld, weil wir eine Familie sind? Darf mein Kind, bevor oder nachdem es über meine Werte »aufgeklärt« wurde, eigene Entscheidungen treffen, auch dann, wenn ich diese für mich eindeutig anders fällen würde?

Auch ich sage meinen Kindern, welche Erfahrungen *ich* mit dem billigen Plastikspielzeug in Zeitschriften gemacht habe und welche Kritik ich am bedenkenlosen Konsum habe. Es wäre nicht fair, ihnen das vorzuenthalten (genauso wenig, sie damit emotional zu erpressen). Dennoch gestehe ich ihnen zu, über das Geld, das unserer Familie zur freien Verfügung steht, anteilig selbst zu entscheiden und vor allem *eigene* Erfahrungen zu machen. So wie ich selbst entscheide, mir ein neues

Buch zu gönnen, unabhängig davon, wie mein Mann oder meine Kinder dessen Inhalt finden.

Geld ist aufgrund seiner Macht ein starkes Manipulationsmittel, insbesondere innerhalb von Abhängigkeitsbeziehungen. Kindern den Zugang dazu zu verweigern, ist diskriminierend und kommt einer Bestrafung gleich. Der Umgang mit Geld als Belohnungsmittel für gute Leistungen in der Schule oder für das Erledigen von Aufgaben zu Hause verdeutlicht diese Problematik sehr genau. Anders als wir Erwachsenen sind Kinder nicht in der Lage, eigenes Geld zu erwirtschaften. Sie sind auf ihre erwachsenen Begleiter angewiesen.

Liebesentzug

Die wohl gefährlichste Form von Bestrafung ist, die Liebe unter Bedingungen zu stellen. Dies verdeutlicht Alfie Kohn in seinen Ausführungen zu bedingungsloser Elternschaft[52] sehr eindrücklich. Liebe wird zum Werkzeug der erzieherischen Ziele und die Abhängigkeit des Kindes ausgenutzt. Die Botschaft ans Kind ist oftmals:

> *»Du wirst nur dann geliebt, wenn du so bist, wie jemand anderes es für gut hält – brav, lieb, folgsam. Wenn du geliebt werden willst, musst du dich fremden Vorstellungen fügen und deine Bedürfnisse hintanstellen.«*

Kinder vertrauen dem Urteil ihrer Eltern und beginnen den eigenen Antennen zu misstrauen. Nicht ohne Grund fällt es vielen Erwachsenen später schwer, die eigenen Bedürfnisse zu erkennen, zu benennen und zu erfüllen. Wie oft wird in diesem Zusammenhang selbst erfahrene Gewalt verharmlost und negiert? »Mir hat es doch auch nicht geschadet!« ist die wohl meistgetätigte Aussage, die ebendiese Mechanismen entlarvt.

Scham, Schuld, Drohung, Lob und Belohnung sind typische Mechanismen von Strafe und haben nichts mit Liebe gemeinsam. Denn Liebe ist bedingungslos. Niemand muss etwas Bestimmtes tun, muss »Bedingungen erfüllen«, damit er geliebt wird. Andererseits bedeutet Liebe nicht Aufopferung. Eine liebende Mutter, ein liebender Vater muss nicht jedes Verhalten des Kindes hinnehmen, sondern sollte ihm – abhängig von seinem Alter, besser seiner kognitiven Reife – deutlich machen:

»Ich liebe dich, auch wenn ich wütend bin und dein Verhalten nicht gut finden kann.«

Negative Folgen von Strafen

Im vorangegangenen Kapitel wurde gezeigt, dass Strafe keine zwingende Konsequenz auf ein bestimmtes Verhalten ist, sondern dass sie willkürlich ist und ein Missbrauch der elterlichen Macht darstellt. Mit Strafe soll dem Kind Leid zugefügt und sein Verhalten durch Angst gezielt steuerbar werden.

Hausarrest, Liebesentzug, Wegsperren, Auszeit, Wegnehmen, Ausschluss, Verbote und Gebote, Ignorieren, Pseudo-Konsequenzen, körperliche Gewalt, häufige Kritik und Niedermachen, aber auch ständige Vergleiche zwischen Geschwistern oder Mitschülern, überhöhte Erwartungen, Fremdregulation und das Gefühl, nur dann geliebt zu werden, wenn man die Bedingungen anderer erfüllt – all das schwächt das Selbstwertgefühl dauerhaft. Nicht wenige Erwachsene machen sich, wenn sie solche Erfahrungen in ihrer Kindheit gesammelt haben, selbst klein, indem sie geringschätzig über sich denken oder gar reden.[53] Sie trauen sich selbst wenig zu, haben Angst vor allem, was neu ist, und sind schnell frustriert und gestresst. Sie geraten außerdem häufig in Abhängigkeit: Sei es von der Anerkennung anderer oder auch von Substanzen, die sie von ihrer inneren Leere ablenken.[54]

Viele Menschen denken jedoch, dass die Strafen, die sie einst als Kind selbst erfahren haben, »sie zu dem gemacht hat, was sie heute sind«, dass sie also ohne diese Leiderfahrung nicht das hätten erreichen können, was sie erreicht haben. Sie verstehen das Leid, das ihnen in der Kindheit zugefügt wurde, nicht als solches, sondern glauben sogar, dass das übergriffige Verhalten ihrer Eltern oder anderer erzieherischer Personen ihnen nicht geschadet habe. Nicht selten dient diese Überzeugung auch der Rechtfertigung der eigenen Übergriffigkeit ihren Kindern gegenüber.

Ergebnisse aus der Resilienzforschung sprechen eine ganz andere Sprache: Übergriffiges Verhalten von Erziehungspersonen schadet der Widerstandsfähigkeit von Kindern sehr wohl und macht – anders als erhofft – Kinder alles andere als stark für das Leben. Es schwächt sie sogar nachhaltig.[55] Die Frage ist vielmehr: Was hätte womöglich alles aus ihnen werden können, wenn sie solche Erfahrungen nicht hätten machen müssen?

Resilienz wird durch viele positive Erfahrungen in der Kindheit, durch eine enge emotionale Bindung zu den wichtigsten Bezugspersonen, überhaupt erst ermöglicht. Resiliente Menschen haben ausreichend Selbstvertrauen und ein gesundes Selbstwertgefühl, um mit existenziellen Krisen und denen des Alltags umzugehen. Menschen mit einem gesunden Selbstwertgefühl und Selbstvertrauen erleben sich selbst als wirksam und erfolgreich in dem, was sie tun.

Das Fundament für ein hohes Maß an seelischer Widerstandsfähigkeit wird in der Kindheit gelegt.[56]

Strafen und ihre Mechanismen: Warum das Denken in Schuld destruktiv ist

Abwertung, Drohung, Angst, Schuld und Scham sind typische Mechanismen von Strafen: Ich degradiere zunächst das Kind, indem ich mich zum allmächtigen Richter erkläre, drohe ihm, seine Selbstbestimmung und Freiheit einzuschränken, beschäme es durch mein Urteil und nutze in der Folge die dank seiner vollkommenen Abhängigkeit erzeugte Angst, um es gefügig zu machen. Letztlich gebe ich auch noch meine Verantwortung ab, indem ich das Kind beschuldige, für mein Handeln verantwortlich zu sein:

»Würdest du dich anders verhalten, wäre ich nicht gezwungen so zu handeln!«

Dem geht oft ein Relativieren der Gefühle des Kindes voraus:

»Du hast gar keinen Grund, dich so zu verhalten/ zu weinen.«

Diese Relativierung führt dazu, dass der Betroffene sich nicht gesehen und zugleich einsam fühlt. Die Gefühle sind nach wie vor da, aber das Kind traut sich nicht mehr, sie zu leben und zu zeigen. Im schlimmsten Fall beginnt es sogar, an sich zu zweifeln, sich selbst infrage zu stellen. Diese Mechanismen von Strafe machen krank, einsam, depressiv und wütend.

Eine alltägliche Strategie, einen Konflikt zu beenden, ist die bereits beschriebene mechanische Äußerung des Wortes »Entschuldigung«. Diese soziale Norm wird jungen Menschen gerne als Regel aufgezwungen und hindert sie daran, echte soziale Kompetenz zu entwickeln. Sie nimmt ihnen die Chance, sich in ihr Gegenüber, also den Geschädigten, tatsächlich einzufühlen und zu erkennen, warum eine Handlung nicht richtig ist oder schaden kann.

Vor allem aber vernebelt es unseren Blick auf die Bedürfnisse unserer Kinder. Auch ein beschädigtes Kind will in der Regel nicht nur das Wort »Entschuldigung« hören, sondern gesehen werden, wertvoll sein und sich geliebt fühlen. Es will Trost erfahren und vor allem, dass derjenige, der ihm Schaden zugefügt hat, dafür Verantwortung übernimmt.

Ein Kind, das lernt, übergriffiges Verhalten einfach durch ein bestimmtes »Zauberwort« – Entschuldigung! – wiedergutmachen zu können, erfüllt damit die Erwartungen anderer, um einen Schaden für sich selbst abzuwenden. So wird Egoismus befeuert, wo doch eine soziale Konvention erfüllt werden sollte.

Ein Denken in *Schuld* ist generell destruktiv. Und einen Schuldigen zu finden und zu benennen, ist einfacher, als ein Problem zu erkennen und dafür Lösungen zu suchen. Letzteres aber bedeutet, Verantwortung zu übernehmen. Die intrinsisch motivierte Übernahme von Verantwortung lässt sich – anders als das Denken in Schuld – nicht anerziehen. Genau diese intrinsische Motivation aber ist es, die es uns ermöglicht, einfühlsam zu sein und nach Lösungen für das durch uns verursachte Problem zu suchen. Die gute Nachricht dabei ist, dass wir (und somit auch unsere Kinder) soziale Wesen sind und aus uns heraus ein Gefühl für Verantwortung entwickeln. Dies geschieht immer dann, wenn wir uns wertvoll für unsere Umwelt und unsere Mitmenschen fühlen. Für unsere Kinder gilt, dass wir es ihnen vorleben und ihnen eine Kindheit lang Zeit zum Üben und Ausprobieren lassen müssen.

Wie kann das im Alltag aussehen? Es kommt tatsächlich nicht nur darauf an, dass wir auf Strafen und andere erzieherische Maßnahmen verzichten. Wir müssen auch unser eigenes Verhalten betrachten, denn es gibt große Unterschiede hinsichtlich der Art und Weise, wie wir uns entschuldigen. Jede Art von Entschuldigung vermittelt eine vollkommen andere Botschaft und verfolgt dabei ganz unterschiedliche Intentionen. Bei der einen haben wir die geschädigte Person im Blick, bei der anderen vor allem uns selbst:

Im letzteren Fall würden wir beispielsweise sagen:

»Bitte verzeih mir! Ich fühle mich ganz schrecklich deswegen.«

Wir bitten um Vergebung und legen dabei den Fokus vor allem auf uns selbst, wir wollen vom Geschädigten eine Art Absolution erhalten. Der Leidtragende erhält damit auch noch die Verantwortung beziehungsweise die Last auferlegt, das Vertrauen ineinander wiederaufzubauen. Der Verursacher des Schadens wertet sich zunächst selbst ab, sein Konzept ist das der Schuld. Er bedauert vor allem sich selbst und ist darauf bedacht, das eigene Bild wiederherzustellen:

»Ich bin kein skrupelloser Mensch. Ich leide auch!«

Es geht primär um das eigene Wohlbefinden.

Wenn wir aber vorrangig den Geschädigten im Blick haben, sagen wir stattdessen:

»Es war falsch, was ich getan habe. Es tut mir leid.«

Oder:

»Ich bedauere, zu deinem Leid beigetragen zu haben.«

Unsere Motivation für die Entschuldigung ist entscheidend für die Übernahme von Verantwortung und für die gesendete

Botschaft. Dabei ist sekundär, ob wir unsere Entschuldigung mit Erklärungen ausschmücken oder versichern, dass es eine Ausnahme bleiben wird. Es kommt nicht auf unsere Versprechungen oder Angebote zur Wiedergutmachung an, die wir oft gar nicht einhalten (können). Die Frage ist, mit welcher Intention wir Dinge tun und auf wen wir dabei schauen.

Manchmal erwarten Eltern von ihren Kindern, dass diese zu ihren Fehlern stehen und Verantwortung dafür übernehmen. Dabei merken sie nicht, dass sie selbst etwas vollkommen Gegenteiliges vorleben. Sie versuchen, Verantwortung durch Drohungen und Strafen zu erzwingen und erkennen nicht, dass ihre Kinder gar nicht verantwortlich sein *können*. Ein Leben mit Kindern auf Augenhöhe bedeutet immer wieder, auf sich zu schauen. Verantwortung ist die Fähigkeit, eine Antwort zu geben. Dies bedingt Reife – und ist somit zunächst vor allem ein Thema für uns Erwachsenen.

Erwartungen und Gehorsam

Kennst du das, wenn du den Eindruck hast, deine Kinder, deine Kindergartengruppe, deine Klasse oder auch einzelne Kinder darin tanzen dir förmlich auf der Nase rum? Du willst ihnen auf Augenhöhe und mit Respekt begegnen, aber sie hören einfach nicht zu, entziehen sich jeglicher Auseinandersetzung und Lösungsfindung oder machen am Ende doch nur wieder das, »was sie wollen«? Ständig *provozieren* sie und überschreiten Grenzen?

Als Mitverantwortliche für eine wachsende Schulgemeinschaft und als Mutter von drei fast gleichaltrigen Kindern kenne ich solche Gedanken, Situationen und Momente sehr gut. Da lief eines meiner Kleinkinder nach links, das nächste nach rechts und das dritte wieder zurück. Oder ich hatte den ganzen Tag die Wohnung aufgeräumt und geputzt, aber binnen weniger Minuten sah es aus wie vorher, wenn nicht gar schlimmer. Oder morgens stand ein Termin an, ich hatte es besonders eilig, aber die morgendliche Verweigerung war in vollem Gang. Mein tägliches Verzweiflungsmoment war allerdings das allabendliche »Aufdrehen«, nachdem meine Kinder auf dem weiten Weg von der Schule nach Hause im Auto eingeschlafen waren, und ich selbst bereits sehr müde vom Tag war ...

Viele bedürfnis- und beziehungsorientierte Eltern und LernbegleiterInnen durchleben in solchen Momenten eine starke Verunsicherung, vor allem dann, wenn Stimmen laut werden, die ein Durchgreifen fordern und den Vorwurf äußern, zu »lasch« zu sein. Manchmal sind es sogar der Partner, die Großeltern, Kollegen oder andere Eltern, die meinen, die Kinder würden sich aufgrund fehlender Maßregelung völlig egoistisch und rücksichtslos verhalten. Diese Art der Argumentation erlebe ich in allen erdenklichen Konstellationen, oft auch im institutionellen Kontext: Eltern und Pädagogen, die ein härteres Durchgreifen vom jeweils anderen oder innerhalb der Institution verlangen.

Bedürfnisse, Grenzen, Rücksicht, Respekt – alles starke Worte. Dinge, die uns allesamt zustehen. Wie also unsere Kinder dazu bringen, uns und anderen Respekt entgegenzubringen, unsere Grenzen und die anderer Menschen zu achten, unsere Bedürfnisse wahrzunehmen und somit rücksichtsvoll zu sein?

Das Problem liegt nicht beim Kind. Wir erwarten einfach zu viel. Von uns und vor allem von unseren Kindern. Wir neigen dazu, Kindern Dinge abzuverlangen, zu denen sie schlicht noch nicht in der Lage sind. Und bei den Sachen, die sie schon können, kommt es oft vor, dass wir ihre Kompetenz unterschätzen und sie dadurch einschränken.

Erwartungen sind ein Thema für sich. Indem wir etwas erwarten, geben wir unsere Verantwortung und damit auch unsere Führungsrolle ab.[57] Erziehung und ihre gewaltvollen und strafenden Mechanismen resultieren oft aus Erwartungen. Das Kind ist dann plötzlich in einer Position des Sollens: Es soll so handeln, wie es den elterlichen Interessen dient. An dieser Stelle lohnt es, das eigene Bild vom Kind zu reflektieren: In welchem Maße habe ich den Gedanken verinnerlicht, dass »Kinder etwas sollen«?

Wer erwartet, bestimmt, wie der andere zu agieren hat, und das ist nicht nur ein massiver Eingriff in das Selbstbestimmungsrecht eines Menschen, sondern auch eine Last, die kein Kind tragen kann. Ich kann nicht erwarten, dass ein zweijähriges Kind am Straßenrand stehen bleibt. Es ist meine Pflicht, es zu begleiten und im Notfall einzugreifen. Es bei einem »Fehlverhalten« auszuschimpfen oder gar zu bestrafen, entlässt mich nicht aus meiner Verantwortung, lädt dem Kind aber die Schuld auf.

Genau an dieser Stelle entstehen innerhalb der Erwachsenen-Kind-Beziehung viele hartnäckige und schwer greifbare Konflikte. Der Druck der Erwartung löst beim Kind Widerstand aus, wodurch es versucht, sich zu schützen und die eigene Integrität zu wahren. Das Kind wehrt sich, um autonom zu bleiben, sorgt sich aber zugleich um die Zugehörigkeit zur Familie. Es sucht Kontakt und Resonanz (durch die fehlende Erfahrung und Reife oft noch sehr unbeholfen). Fokussieren wir uns nun auf das womöglich in unseren Augen unpassende Verhalten, suchen wir nach Lösungen für ein Symptom und machen das Kind erneut für etwas verantwortlich, das eigentlich in unseren Verantwortungsbereich gehört. Der Auslöser des Konfliktes war nämlich nicht der Widerstand oder das Verhalten des Kindes, sondern unsere Erwartungen. Ein Teufelskreis entsteht, aus dem sich das Kind nicht allein befreien kann – den wir jedoch gemeinsam verlassen können, indem wir Erwachsene uns unserer Verantwortung wieder bewusst werden.

Es ist daher unabdingbar, dass wir uns auch unserer Erwartungen bewusst werden und sie überdenken. Damit wären die meisten Konflikte im Alltag mit Kindern bereits aufgelöst. Was allerdings häufig passiert, ist, dass wir uns in eine Opferrolle begeben und es uns dort sehr bequem machen. Es erscheint uns einfacher, die Verantwortung – oft in Form von Schuld – auf andere abzuschieben. Die gegenteilige Strategie wäre sinnvoll: Wir sollten verstehen und auch verinnerlichen, dass wir keine Opfer sind, dass Kinder nichts gegen ihre Eltern oder andere begleitende Erwachsene tun. Sie tun etwas für sich!

Ja, manchmal benutzen sie dazu nicht die passenden Kommunikationsmittel, allerdings sind auch Erwachsene in herausfordernden Situationen nicht selten überfordert und artikulieren sich unpassend, wenn nicht gar grenzwertig. In Konflikten sind Menschen meist sehr aufgeregt, und da gehören Fehler in der Kommunikation und im Denken einfach dazu, ebenso wie Pauschalisierungen und Allgemeinplätze. Aber wir können an unserer Konfliktfähigkeit arbeiten und dadurch jungen Menschen vorleben, wie eine wertschätzende Auseinandersetzung unter erschwerten Voraussetzungen gelingen kann.

Wenn eine bestimmte Situation immer wieder eintritt, dann liegt es meist nicht daran, dass das Kind etwas nicht versteht, sondern dass offenbar wir Erwachsenen etwas nicht verstanden haben. Wenn ein Kind nicht zu kooperieren scheint, dann hat dies Gründe, die unsere Aufmerksamkeit verdienen. Es sind in der Regel überhöhte Erwartungen, die das Kind nicht erfüllen kann.

Von kleinen Kindern kann man keine Empathie erwarten, schon gar nicht für Dinge, die für sie schlicht noch keinen Sinn ergeben. Sie wollen einfach ihre Welt entdecken und erfahren. Und sie müssen außerdem dafür sorgen, dass sie nicht zu kurz kommen, gerade dann, wenn sie – wie in unserer Familie oder in Kitas – mit mehreren anderen kleinen Kindern zusammen sind. Unsere Kinder tanzen uns nicht auf der Nase herum. Sie leben!

Immer wieder werde ich von Eltern kontaktiert, die mich verzweifelt fragen, wie sie agieren sollen, wenn ihre Kinder Dinge tun, die sie nicht möchten oder ihnen nicht folgen. Die Frage dahinter lautet: Wie kann man erreichen, dass Regeln befolgt werden, wenn keine Sanktionen drohen?

Wir Menschen sind stark kooperative Wesen mit einem großen Bedürfnis nach Zugehörigkeit. Wir brauchen Orientierung und sind von uns aus bereit, gemeinsame Regeln des Zusammenlebens aufzustellen und zu befolgen. Dies jedoch immer nur dann, wenn diese Regeln zu einem konkreten Zeitpunkt und eingebettet in einen bestimmten Lebenskontext sinnvoll und nachvollziehbar für uns sind. Folgsamkeit meint jedoch häufig etwas anderes: Sie meint das *blinde Befolgen* von Regeln, die andere aufgestellt haben. Schauen wir uns dazu ein konkretes Beispiel an:

Ein Kleinkind soll auf die Mutter hören, wenn diese sagt, dass das Kind nicht auf die Straße laufen soll. Hier geht es der Mutter also um den Schutz ihres Kindes. Es soll hören, damit seine körperliche Unversehrtheit gewahrt bleibt.

Das ist ein typisches Missverständnis. Die Mutter möchte ihr Kind schützen und wählt dazu eine erwachsene Strategie, welche das Kind kognitiv überfordert. Es versteht diese Aufforderung beziehungsweise den Sinn dahinter noch nicht. Die Mutter, die Folgsamkeit erwartet, wird enttäuscht.

Ein Kleinkind ist auf unseren Schutz angewiesen und darauf, dass wir in gefährlichen Situationen aufmerksam bleiben und, falls nötig, eingreifen. Diese Verantwortung können wir durch Anweisungen nicht ablegen. Wir können versuchen, durch die Androhung von Strafen (und somit durch die Erzeugung von Angst), das Kind darauf zu dressieren, nicht auf die Straße zu laufen (wobei vermutlich auch das nicht funktionieren wird, und wenn doch, hat das Kind immer noch nicht wirklich verstanden, warum es nicht einfach über die Straße laufen soll). Die Botschaft, die beim Kind ankommt, ist nicht »Das ist gefährlich für dich«, sondern »Ich will das nicht, und mein Wille ist wichtiger als deiner. Deshalb darf ich meinen Willen durchsetzen«. Der Preis für die Folgsamkeit des Kindes ist, dass der Beziehung zwischen Mutter und Kind nachhaltig Schaden zugefügt wird.

In diesem Beispiel geht es der Mutter zwar nicht vorrangig um die Folgsamkeit, sondern um den Schutz ihres Kindes. Ihr fehlen jedoch beziehungsorientierte Alternativen. Den Schutz des Kleinkindes kann sie gewaltfrei gewährleisten, indem sie entsprechend aufmerksam ist und, falls notwendig, durch ihre schützende Macht – im Einzelfall und nicht als Dauerlösung – eingreift. Oder indem sie phasenweise gefährliche Straßen meidet. Ich habe eine ähnliche Problematik eine Zeit lang mit einem faltbaren Bollerwagen gut lösen können. Meine Kinder hatten große Freude dabei, gezogen zu werden, und auch für mich war es entlastend.

Natürlich können wir Erwachsenen auch hier unsere Macht und Kraft (aus-)nutzen und diese zur Durchsetzung unserer Wünsche und Ziele einsetzen und den Willen des Kindes unberücksichtigt lassen oder gar unterdrücken. Dann generieren wir Folgsamkeit. Allerdings auch ein Kind, das sich in seinen Bedürfnissen nicht gesehen und ernst genommen fühlt. Ein kleines Kind, das gegen den Willen seiner Mutter über die Straße läuft, will ihr nichts Böses. Es macht keine Kampfansage gegen den begleitenden Erwachsenen. Es zieht nicht in den Krieg. Es ist kein Tyrann mit dem Lebensziel, den Erwachsenen das Leben zur Hölle zu machen. Es ist ein Mensch mit Bedürfnissen, dem eine kinderfeindliche Lebenswelt gegenübersteht – eine viel befahrene Straße, die (nach einem für das Kind nicht nachvollziehbaren Muster) mal überquert werden darf und mal nicht – und dem alternative Strategien, damit umzugehen, noch fehlen.

Es ist wundervoll, wenn Eltern ihre Kinder nicht mittels Angst zum Gehorsam erziehen möchten, aber sie sollten sich nicht der Illusion hingeben, dass ihre Kinder dann eben dadurch gehorsam werden, dass sie eine Beziehung auf Augenhöhe leben. Gehorsam ist generell nicht erstrebenswert. Warum sollten Eltern oder eine Gesellschaft wollen, dass Kinder Dinge tun, ohne sie zu hinterfragen?

Konsequenzen für die Beziehung

Die beste Vorbereitung auf das Leben und seine Herausforderungen sind eine gute Bindung zu den Hauptbezugspersonen und stabile Beziehungen im Leben des Kindes. Ich erlebe jedoch immer wieder Eltern und Pädagogen, die sich als Opfer ihrer – beziehungsweise der ihnen anvertrauten – Kinder wahrnehmen. Niemand bestreitet, dass die Begleitung von Kindern eine große Herausforderung ist. Wenn wir uns aber die Opfer- und zugleich die Richterrolle zuweisen, entziehen wir uns zum einen unserer Verantwortung und machen zum anderen das Kind zum Täter. Eine Last, die ein Kind nicht tragen kann. Wir schränken uns außerdem selbst ein, vergifteten unsere Beziehung zum Kind und schaden ihm dadurch nachhaltig.

Kinder werden häufig infolge fehlender Impulskontrolle bestraft. Die Wut des Kindes wird durch die Strafe befeuert, seine Gefühle werden nicht begleitet, alternative Handlungswege nicht gezeigt und letztlich auch nicht Empathie, Interesse und

Fürsorge vorgelebt. Die Abwärtsspirale, der Machtkampf, ja letztlich auch der Kreislauf der Gewalt nehmen ihren Lauf.

Das Kind wird sich dank dieser Lernerfahrung zweimal überlegen, ob und wenn ja, wem es sich anvertraut, wird womöglich seltener um Hilfe bitten und öfters lügen, um Dinge zu verschleiern, von denen es ahnt, sie könnten unerwünscht sein, obwohl es nicht wirklich versteht, warum sie unter Umständen tatsächlich keine gute Idee sind. Es erlebt seine Eltern und LernbegleiterInnen nicht als vertrauenswürdige Erwachsene, sondern als Menschen, die sich eine ganze Menge einfallen lassen, um ihm das Leben schwer zu machen, und das hat Einfluss auf die Beziehungen.

Meine Kindheit war von vielen Freiheiten geprägt. Ich kann mich nicht an Hausarrest oder körperliche Strafen durch meine Mutter erinnern, aber durchaus an viel Kritik und Schuldzuweisungen durch Erwachsene. Egal wie konstruktiv oder sachlich eine Kritik angebracht wird, wirklich gut fühlt sie sich nie an. Im Umgang mit jungen Menschen sind Erwachsene oft sehr unbedacht und kritisieren viel und ausgiebig. Kinder verinnerlichen derartige Botschaften gerne als eigene Wahrheit und erleben sie als demütigend. Sie versuchen solche Situationen folglich zu vermeiden. So erging es auch mir als kleinem Kind. Dazu einer meiner frühesten Erinnerungen:

Ich erinnere mich, wie ich im Alter von vielleicht fünf Jahren heimlich im Badezimmer mit Streichhölzern gespielt habe. Es war dunkel, und ich hatte es zum ersten Mal geschafft, die Streichhölzer selbst anzuzünden.

Im Zimmer nebenan waren unsere Babysitterin und meine zwei Brüder, unsere Mutter war unterwegs. Vor mir lag ein flauschiger Badezimmerteppich, ein Löwengesicht mit besonders langem Fell. Ein Streichholz fiel auf seine Mähne. Diese brannte innerhalb kürzester Zeit lichterloh. Ich erschrak, warf die Streichholzschachtel auf den Boden und lief aus dem Raum.

Ich weinte und zitterte, traute mich jedoch nicht, etwas zu sagen, schließlich wusste ich, dass »man mit Feuer nicht spielt«. Wenige Minuten später erreichte uns der Brandgeruch und Rauch kam uns entgegen. Unsere Babysitterin reagierte schnell, zog den Teppich in die Dusche und löschte das Feuer.

Zum Glück war das Badezimmer komplett gefliest und geräumig. Außerdem gab es kaum Möbel, auf die das Feuer hätte übergreifen können. Nicht auszumalen, wie diese Episode sonst hätte enden können.

Ich erinnere mich gut an das beschämende Gefühl hinterher, und wie die Babysitterin und meine Brüder auf mich einredeten, wie ich das hätte tun können, warum ich nichts gesagt hätte und dass ich uns alle hätte umbringen können. Aber genau vor dieser Demütigung hatte ich wohl Angst gehabt. Deswegen hatte ich in meiner kindlichen Naivität versucht, meinen Fehler zu verschweigen. War innerlich zerrissen und geriet in Panik. Die Konsequenzen hätte ich mir nicht ausmalen können, schließlich wusste ich nur, dass »man mit Feuer nicht spielen soll«, aber nicht, was für Folgen ein solches Spiel haben konnte.

Ich machte mir weniger Sorgen um die tatsächlichen Konsequenzen meiner Handlung – einen Brand –, welche ich nicht überschauen, nur ahnen konnte, als um eine verbale, seelische Strafe für die Tat, von der ich lediglich wusste, dass sie verboten war.

Kinder, die für Fehler, einen eigenen Willen oder für ein aus erwachsener Sicht inadäquates Verhalten beschämt, gedemütigt und bestraft werden, verlieren das Vertrauen in ihre Eltern, in die Gewissheit, geliebt zu werden, in die eigenen Gefühle und letztlich auch an sich selbst. Die strafenden Eltern handeln aus Liebe und senden dabei doch die genau gegenteilige Botschaft an das Kind. Dieses fühlt sich nicht gesehen und nicht geliebt, was letztlich zur Entfremdung voneinander führt. Während sich ganz junge Kinder nicht abwenden können und so dem Reglement und der Kontrolle durch die Erwachsenen ohnmächtig ausgesetzt sind, entziehen sich Jugendliche ohne eine auf Vertrauen basierende Beziehung immer mehr dem Einfluss ihrer Eltern. Und so spielen diese eine immer kleiner werdende Rolle in ihrem Leben. Strafen sind schädlich, sowohl für das Kind als auch für unsere Beziehung zueinander. Nicht nur, dass sie nicht zum erwünschten Erziehungsziel führen – im Gegenteil, sie entfernen uns Stück für Stück von dem, was wir uns als Erwachsene für die heranwachsende Generation wünschen.

Auch im institutionellen Kontext mag Angst junge Kinder in Schach halten, aber irgendwann interessieren die Strafen sie schlicht nicht mehr oder sie haben sich mit den ihnen zugeschriebenen Rollen abgefunden. Sie fragen Erwachsene nicht mehr nach deren Meinung oder nach Ratschlägen. Sie sind nicht daran gewöhnt, von Erwachsenen ernst genommen zu werden, und fürchten Verurteilung.

Ganz oft versuchen wir, Dinge erzieherisch zu »korrigieren«, die schlicht zur natürlichen menschlichen Entwicklung gehören. Strafen werten nicht nur ab, sondern sie hindern unsere Kinder auch daran, Verantwortung zu übernehmen und sich mutig – in fürsorglicher Begleitung und vertrauensvoller Beziehung zu ihrer Hauptbezugspersonen – ihrer Welt zu stellen.

Wenn wir nicht wollen, dass Kinder schlechten Einflüssen durch andere schutzlos ausgesetzt sind, dass sie blind jedem folgen, der sich als mächtige Instanz darstellt, und der anderen zur Erfüllung der eigenen Bedürfnisse und zur Durchsetzung des eigenen Willens Leid zufügt, sollten wir auf Strafen verzichten. Wenn wir eine Beziehung auf Augenhöhe wollen, die auf gegenseitigem Respekt und Kooperation beruht, und uns dabei selbst ernst nehmen, dann müssen wir damit beginnen dies vorzuleben.

TEIL 2

Alternativen zur Strafe

»Man sieht nur
mit dem Herzen gut.
Das Wesentliche ist für
die Augen unsichtbar.«

Antoine de Saint-Exupéry

»Ich will etwas anderes als du« – Was wir aus Konflikten lernen können

Alltagskonflikte können die Beziehungen innerhalb einer Familie oder einer Lerngemeinschaft sehr belasten. Viele Erwachsene scheuen – häufig auch unbewusst – insbesondere in der Auseinandersetzung mit (ihren) Kindern die Konfrontation mit ihren eigenen, oft unbearbeiteten Themen. Indem wir aber an unserer Haltung arbeiten und die Chance im Konflikt erkennen, haben wir bereits eine Menge gewonnen. Gelingt es uns, die Ursachen von Konflikten zu ergründen und nicht weiter nur Symptome zu behandeln sowie nach einem Schuldigen zu suchen, sind wir erneut einen großen Schritt weiter. Übernehmen wir Verantwortung, indem wir uns unserer Erwartungen bewusst werden und an uns arbeiten, lösen sich zahlreiche Alltagskonflikte weitestgehend auf oder entstehen erst gar nicht. Die Grundvoraussetzung jedoch, um bestehende Konflikte beziehungsorientiert zu beenden, ist die Fähigkeit, die Perspektive zu wechseln.

Damit ein Perspektivwechsel gelingen kann, ist es notwendig, dass wir die Fokussierung auf uns selbst auflösen, uns aus der Opferrolle entlassen und die Motive unseres Gegenübers wirklich verstehen wollen. Hierbei kann aktives Zuhören der Schlüssel sein. Es reicht jedoch bereits in einem ersten Schritt, davon auszugehen, dass unser Gegenüber Gründe für sein Verhalten hat, die aus seiner Perspektive heraus durchaus legitim sind oder ihm zumindest so erscheinen. Um Konflikte beziehungsorientiert zu bearbeiten, brauchen wir die Sicht aller Beteiligten. Erst so lässt sich ein Gesamtbild formen. Vorausgesetzt natürlich, wir sind an einer Klärung interessiert und wollen uns auf diesen Prozess einlassen. Der Fähigkeit, die Perspektive zu wechseln, geht Selbsterkenntnis voraus. Es versteht sich von allein, dass wir an dieser Stelle einen Perspektivwechsel von

Kindern nicht erwarten können. Wir können ihnen jedoch dabei helfen, ihre Perspektive aufzuzeigen, und sie – falls erforderlich – mit der notwendigen Rücksichtnahme auf ihre Möglichkeiten dabei begleiten, auch unsere Perspektive zu erkennen. Hierzu ein Beispiel aus meiner beruflichen Praxis:

Parallel zu unserer Nachmittagsbetreuung findet einmal in der Woche am Nachmittag in der APEGO-Schule Berlin die Teamsitzung unserer LernbegleiterInnen statt. Seinerzeit nahm ich regelmäßig an dieser teil und unterstützte das Team bei Bedarf auch in der Betreuung der noch anwesenden Kinder. Bei dieser Gelegenheit ereignete sich eine herausfordernde Situation, die unsere Schulgemeinschaft eine Weile beschäftigen sollte: Während das Team im zentralen Aufenthaltsraum tagte, hielten sich die Kinder im Alter zwischen 6 und 11 Jahren im offenen Nebenraum auf. Als ich diesen betrat, eröffnete sich vor mir eine Winterlandschaft: Die Kinder hatten binnen weniger Minuten einen Sitzsack geöffnet und den Inhalt in Form weißer Kügelchen im Raum verteilt. Ich fragte, was passiert sei, und eines der Kinder erklärte mir, sein Freund habe ihn aufgefordert, den Sack zu öffnen. Das habe er dann getan. Sie hätten die Kügelchen gesehen und gemerkt, dass das richtig Spaß mache.

Wir sprachen darüber und ich erklärte, warum es mir wichtig sei, dass mit dem Schulmaterial achtsam umgegangen wird und welche Schwierigkeiten genannte Kügelchen verursachen können. Ich forderte die Kinder auf, die Kügelchen gemeinsam aufzusammeln und wieder in den Sack zu füllen, was sie auch gleich umsetzten. Als fast alle Kügelchen wieder im Sack waren, nahm ich den Sack an mich. Damit war das Thema für mich erledigt. Dachte ich zumindest.

Noch während ich den ersten Sitzsack wegbrachte, wurde ich von den Kindern zurückgerufen. Der zweite Sitzsack, den ich leider zuvor übersehen hatte, war geöffnet worden, und die Kügelchen lagen erneut überall im Raum. Zugegeben, ich war alles andere als erfreut, und das teilte ich den Kindern auch mit, zumal der Sack diesmal nicht geöffnet, sondern zerrissen worden war.

Die Kinder erklärten mir ziemlich kompetent, dass die Versuchung zu groß gewesen sei und die Kügelchen zu viel Spaß machten. Ich ärgerte mich, konnte zugleich ihre Freude sehen, forderte sie jedoch erneut auf, den Sack zu füllen. Was sie auch taten.

In der Zwischenzeit hatten sich die Kügelchen allerdings weiter im Haus verteilt und die Kinder hatten einiges mehr aufzuräumen. Ein achtjähriges Kind verweigerte sich und zog sich während der Aufräumaktion zurück. Nach Aussagen der anderen Kinder genau das Kind, das die Idee gehabt und dazu aufgefordert hatte, den zweiten Sack zu zerreißen. Als ich es fragte, ob da etwas dran sei und warum es nicht mit aufräumen würde, sagte es, dass »es dazu keine Lust habe«, und versteckte sich unter einem Tisch.

Jeden Versuch der Kontaktaufnahme blockte es von da an mit demselben Wortlaut ab. Nachdem die anderen sieben Kinder mit einiger Unterstützung durch Erwachsene die herausfordernde Aufgabe des Aufräumens zum zweiten Mal fast bewältigt hatten, leerte ein neunjähriges Kind, das auch beide Male zuvor die Säcke geöffnet hatte, den Sack vor unseren Augen erneut aus und sprang mit Schwung auf den Berg Kugeln. Wieder flogen diese in alle Himmelsrichtungen …

Solche Situationen sind herausfordernd, nicht alltäglich und nicht immer leicht zu lösen. Sie verlangen uns einiges ab, wenn wir nicht in alte erzieherische Muster verfallen oder laut und übergriffig werden wollen. Wenn wir das mit der Gleichwürdigkeit jedoch ernst meinen, so sind wir ganz besonders gefragt, nach verbindenden Lösungen zu suchen.

In der eigenen Not, sich nicht gesehen zu fühlen, reagieren wir manchmal über und sagen und tun Dinge, die wir hinterher womöglich bereuen oder die unserer Haltung nicht gerecht werden. Ich forderte also, um nicht in diese Falle zu tappen, alle Kinder dazu auf, den Raum zu verlassen, und schloss diesen anschließend ab. Ich fokussierte mich darauf, zu atmen, und da es kurz vor Feierabend war, bat ich die abholenden Eltern der beiden anführenden Kinder, sich um die Kügelchen in den weiteren Räumlichkeiten der Schule zu kümmern, da eines der beiden weiterhin unterm Tisch saß und das andere offensichtlich sehr überfordert mit der Situation schien.

Der Raum sollte bis zu einer Lösungsfindung verschlossen bleiben, nicht aus einer methodischen Überlegung oder erzieherischen Maßnahme heraus, sondern um die Situation zu entschärfen, Zeit für Lösungen zu gewinnen und um den bereits entstandenen Schaden zu begrenzen. Vielleicht könnten wir am folgenden Tag in Ruhe und mit dem nötigen emotionalen Abstand beispielsweise einen Mediationskreis machen und Ideen für den Umgang mit der Situation, dem zerstörten Material und den Kügelchen sammeln. Zunächst sorgte ich aber nach Feierabend für mich:

Zu Hause angekommen, berichtete ich auf meiner Social-Media-Seite von den Ereignissen an diesem Schultag und fragte meine Follower nach ihren Lösungsansätzen. Es war sehr spannend zu lesen, wie unterschiedlich die Situation aufgenommen wurde. Einige meiner Leser waren sehr besorgt, ich könne an meinem gewaltfreien Weg zweifeln, andere schlugen konkrete Strafen, Maßregelungen und Konsequenzen vor. Die große Mehrheit war jedoch schlicht überfragt, einige wenige schlugen vor, mitzuspielen.

Ich war überrascht, selbst unter meinen Lesern so oft den Ruf nach Konsequenzen zu lesen, und auch darüber, wie viele schlicht ratlos waren. Es tat mir zugleich gut, mir diesen Raum zu nehmen und über die einzelnen Vorschläge nachzudenken sowie mich in diese einzufühlen. Am nächsten Tag bat ich eine am Konflikt unbeteiligte Kollegin, einen Mediationskreis zu führen. Mir war es wichtig, dass eine Lösung mit allen Beteiligten gefunden wird.

In unserer Schule können wir bei herausfordernden Konflikten und Situationen dieser Art auf einen Konfliktmediationskreis zurückgreifen. Wir orientieren uns hierbei an der gewaltfreien Kommunikation nach Marshall B. Rosenberg und nutzen das Prinzip des »Restorative Circle« nach Dominic Barter[58]. Die Idee dahinter ist, alle beteiligten Personen darin zu unterstützen, gemeinsam Lösungen zu erarbeiten, und allen den nötigen Raum zu geben, sich gesehen und ernst genommen zu fühlen. Dies ist sehr hilfreich, um einander zuzuhören, andere Perspektiven einnehmen und sich empathisch mit dem Gegenüber zu verbinden. Es ist nicht primär wichtig, welche Lösung für das Problem gefunden wird, sondern dass es allen Beteiligten damit gut geht beziehungsweise sie damit leben können, auch wenn sie sich eine andere Lösung gewünscht hätten. Manchmal kann solch eine Konfliktmediation ganz nebenbei geschehen, wenn es beispielsweise darum geht, für zwei Konfliktparteien »zu übersetzen« oder dabei zu helfen, dass die Gefühle Einzelner wahrgenommen werden. Insbesondere bei jüngeren Kindern gilt es, Dinge flexibel und kreativ an die jeweilige Realität und Situation anzupassen.

Bei unserem Konflikt rund um die Sitzsäcke gab es einige Dinge zu klären: Was passiert mit dem beschädigten Material? Wer räumt final auf? Warum hatte sich ein Kind komplett verweigert? Haben wir womöglich etwas übersehen? Warum folgte das andere Kind – trotz Aufklärung und im Bewusstsein, jemand anderen zu verärgern – zweimal der Anweisung seines Freundes? Wie erging und ergeht es den anderen Beteiligten? Was wird gebraucht, um eine Lösung finden zu können und damit die Situation sich nicht wiederholt?

In den Tagen danach wurden durch die Lernbegleiterin, die ich um Mediation gebeten hatte, verschiedene Gespräche mit den beteiligten Personen – den Auslösern, den Betroffenen und der Gemeinschaft – geführt, so auch mit mir. In ihrer Rolle als Mediatorin ist sie ganz besonders um Aufklärung und eine beobachtende Haltung bemüht. Sie schenkt Empathie und versucht herauszufinden, was von jedem Einzelnen gebraucht wird.

Kommt es nach dieser ersten Gesprächsrunde zum gemeinsamen Konfliktmediationskreis stehen gegenseitiges Verständnis und Eigenverantwortung im Vordergrund sowie die Vereinbarung konkreter Handlungen. Damit die Konfliktbearbeitung dann auch wirklich nachhaltig ist, empfiehlt es sich, einen sogenannten »Nachkreis« einzuberufen und alle Beteiligten zu fragen, wie es ihnen mit den zuvor getroffenen Vereinbarungen ergangen ist. Dann können, falls nötig, neue Lösungen gefunden oder diejenigen, die dienlich waren, entsprechend gewürdigt und dokumentiert werden. In unserem Fall fanden wir bereits in den bilateralen Gesprächen der Situation adäquate Lösungen.

Das Verhalten der beiden Jungen mag aus meiner Perspektive heraus zunächst respektlos und unmöglich erscheinen. Doch ist das die Wahrheit? Oder ist es erst einmal nur eine ganz persönliche Sicht der Dinge? Eine solche Beurteilung der Situation würde meiner Haltung jedenfalls nicht gerecht werden.

Natürlich hätte ich mich darüber ärgern können, wie sich die zwei Jungen verhalten haben und daraus die Notwendigkeit für Konsequenzen und Strafen ableiten können. Aber hätte uns das wirklich weitergebracht? Die Situation war nicht mehr ungeschehen zu machen, und die Beweggründe und Bedürfnisse der Kinder hinter ihrem Verhalten hätte ich mit Strafe und Beschämung vermutlich nie erfahren. Stattdessen entschied ich mich, der empathischen Führung meiner Kollegin zu vertrauen und mich unterstützen zu lassen, so wie es der Maxime unserer straffreien Schule entspricht. Mit ihrer Hilfe fanden die Kinder im Gespräch zu einer für sich und auch für mich tragbaren Lösung. Die Räume wurden gemeinsam und unterstützt durch Erwachsene wieder aufgeräumt. Wir erhielten außerdem Hinweise darauf, was den beiden Hauptakteuren wirklich fehlte und was sie daran hinderte, mit mir zu kooperieren. Wir erhielten so die Möglichkeit, anschließend neue Prozesse anzustoßen, individuelle Maßnahmen zu erarbeiten, Vereinbarungen zu treffen, aber auch Grenzen unserer Begleitungsmöglichkeiten zu erkennen. Der Konflikt gab uns daneben auch die Chance, unsere Strukturen anzuschauen und mit Unterstützung der Elternschaft neue Regelungen für unsere Teamsitzungen zu finden. Die Sitzsäcke wurden durch Matten und Liegedecken ersetzt.

Erziehung, Sozialisierung, kulturelle Prägung – all das hat Einfluss auf unsere Wahrnehmung. Wir nehmen in der Regel nur wahr, was zu unserem Denkmuster passt und was es immer wieder bestätigt: Ist das Kind ein Tyrann oder ist es in Not? Braucht das Kind eine »harte Hand« oder Empathie? Unsere Wahrnehmung ist stets selektiv und es erfordert von uns eine bewusste Entscheidung, diese Einschränkung unserer Wahrnehmung durch Überprüfung unserer Denkmuster aufzubrechen. Kinder sind wunderbar darin, Unstimmigkeiten aufzuzeigen. Sie sind noch nicht so stark wie wir durch Kultur, Erziehung und Sozialisierung geprägt. Ihre Wahrnehmung ist nicht durch Moral und andere Muster beschränkt. Je jünger und freier ein Mensch, desto ungefilterter seine Wahrnehmung. Auch das müssen wir im Hinterkopf behalten, wenn wir in die Auseinandersetzung mit unseren Kindern gehen. Konflikte geben uns immer die Chance, unsere Wahrnehmung zu öffnen und Strukturen zu hinterfragen. Wir haben immer die Wahl, wie wir eine Situation betrachten möchten. Unsere Wahrnehmung hat dabei einen maßgeblichen Einfluss darauf, ob wir dazu beitragen, einen Konflikt weiter eskalieren zu lassen, oder aber die Kraft und Motivation finden, diesen zu verwandeln und die Situation zu ändern.

Ein Schlüssel hierbei ist, den eigenen Beitrag zum Konflikt zu erkennen. Lernen wir, uns zu sehen und arbeiten wir daran, Dinge zu ändern, die in unserem Wirkungsrahmen liegen, so hat das großen Einfluss auf die uns umgebenden Systeme, also unser Familien- oder Gemeinschaftssystem und die Beziehung zu unseren Kindern. In meinem zuvor genannten Beispiel hat es Einfluss auf eine gesamte Schulgemeinschaft und die dazugehörigen Familien.

Im Coaching oder in der Teamentwicklung arbeite ich gern mit der kollegialen Beratung und ähnlichen Modellen, die eine Vogelperspektive ermöglichen. Anhand von Hypothesenbildungen und in der Beobachterrolle lässt sich wunderbar die oft benötigte Distanz erreichen, um Probleme wieder klarer sehen und in ihrer Gänze erfassen zu können. Erst durch den Blick aus der Entfernung und den Wechsel der Perspektive kann ich die wahren Zusammenhänge erkennen und bin in der Lage, Konflikte zu transformieren und ihre positive Kraft zu nutzen. Aus den Hinweisen auf mögliche Ursachen für einen Konflikt kann ich konkrete Arbeitsschritte zur Selbstwirksamkeit erarbeiten. Unsere Konfliktmediation funktioniert auf ähnliche Weise, indem sie jungen Menschen dabei zusätzlich die benötigte Begleitung bietet.

Trennende und verbindende Lösungswege

In Konfliktsituationen (auch zwischen Erwachsenen) wird mit Vorwürfen und Verallgemeinerungen selten gegeizt:

»Immer (!) sitzt du mit deinem Handy da!«

Oder:

»Ständig (!) meckerst du an mir rum!«

Sowie:

»Nie (!) interessierst du dich für etwas anderes!«,
»Nie (!) habe ich auch nur einen Moment Ruhe!«.

Kommt in solchen Konfliktsituationen körperliche Gewalt – hoffentlich aus Überzeugung – nicht infrage, so wird gerne gedroht, erpresst, genötigt oder mit Liebesentzug gestraft. Da ist die eine Seite tagelang beleidigt, die andere entzieht sich und verschwindet, wohin auch immer. Kindern bleibt jedoch wenig Raum zum Entkommen. Machen sie daraufhin auf ihre Not aufmerksam, heißt es nicht selten, sie seien süchtig oder schwierig (oder sie werden mit anderen abwertenden Adjektiven belegt).

Es ist jedoch möglich, zu streiten, *ohne* den anderen abzuwerten oder zu bedrohen. Da dies bereits in einer gleichberechtigten Beziehung zwischen erwachsenen Menschen nicht einfach ist, mag mein Aufruf zu einer beziehungsorientierten Konfliktbewältigung mit Kindern dem einen oder anderen verständlicherweise utopisch erscheinen. Aber es funktioniert – das sehe ich immer wieder bei uns in der Familie oder in unserer Schulgemeinschaft! Zur Freude vieler Kinder und zum

Erstaunen einiger Erwachsener darüber, wie kooperativ Kinder doch sind oder auch, wie ein Erwachsener sich »so etwas gefallen lassen kann«.

Auch mir gelingt es nicht immer – aber immer öfter – kooperativ zu sein und in Beziehung zu streiten. Es ist nicht leicht Konflikte im Alltagsstress an der Wurzel zu packen und diese wirklich aufzuarbeiten. Doch auch hier kommen wir jeden Tag einen Schritt weiter, wenn wir einen *ersten* Schritt wagen. Ein Paradigmenwechsel vollzieht sich nicht über Nacht. Und wer in Beziehung leben möchte, darf auch mit sich selbst nachsichtig und empathisch umgehen. Es ist okay, wenn es nicht perfekt ist. Kinder suchen keine Perfektion, sondern authentische Verbindung.

Wenige Menschen gehen mit Konflikten wirklich beziehungsorientiert und produktiv um. Streit bedeutet meistens Stress und will schnell beendet sein. Mit etwas Glück wird nach scheinbaren Kompromissen gesucht, und jeder macht eine Menge Abstriche. Oft kündigt eine der Seiten zumindest innerlich die Beziehung auf und denkt sich: *»Mach doch, was du willst! Es ist mir egal!«* Aus der inneren Kündigung wird dabei nicht selten ein Abschied auf Raten. Häufig ist es die Folge zu vieler Pseudokompromisse und eines übersteigerten Wunsches nach Harmonie.

Manchmal gelingt es Menschen aber, ihre Gefühle zu ordnen, ihre Bedürfnisse dahinter zu erkennen, den Konflikt von einer Meta-Ebene aus zu betrachten und achtsam die eigenen Beobachtungen zu schildern sowie konkrete Wünsche zu formulieren. Diese Menschen sehen in der Auseinandersetzung eine Chance und vermuten, dass das Gegenüber gute Gründe für seine Reaktion hat. Sie nehmen empathisch an dessen Wünschen teil, ohne sich selbst dabei zu verleugnen. Diese Menschen suchen nach verbindenden Lösungen unter Berücksichtigung der Bedürfnisse aller.

Ja, das liest sich nicht nur anspruchsvoll, das ist es auch in der Umsetzung. Es ist harte Arbeit, insbesondere dann, wenn die eigene Realität über viele Jahre lang eine gänzlich andere war. Viele Erwachsene können einen solchen beziehungsorientierten Umgang miteinander nicht leben, da sie ihn selbst als Kind nicht beigebracht, geschweige denn vorgelebt bekommen haben. Nicht ohne Grund beschäftigen sich sehr viele Menschen in Büchern, Hörsälen und Seminaren mit der Kunst der gewaltfreien Kommunikation. Dabei denke ich nicht an die *Methode* von Marshall B. Rosenberg, sondern ich spreche von der ihr zugrunde liegenden *Haltung*! Eine Haltung, in der ich wirklich offen und neugierig auf den anderen zugehe und die vier Schritte der gewaltfreien Kommunikation (1. Beobachtungen mitteilen, ohne zu urteilen und zu bewerten; 2. Gefühle benennen, die durch die Beobachtung in mir ausgelöst wurden; 3. Bedürfnisse offenlegen, die hinter den Gefühlen in Mangel gerieten; 4. Bitten spezifizieren, wodurch sich die Situation wieder bessern kann)[59] nicht nur »anwende« (womöglich noch mit manipulativer Absicht), sondern »lebe«.

Die Hoffnung bleibt, dass unsere Kinder es künftig ein klein wenig leichter haben werden. Fakt ist, dass uns Menschen das Streiten in der Regel schwerfällt. Wir haben meist nicht gelernt, verbindend zu streiten, sondern nur trennend. Den meisten Menschen geht es ums Gewinnen oder ums Recht haben, und das kann nur einer. Wo es einen Gewinner gibt, muss es auch mindestens einen Verlierer geben. Und da – sinnbildlich – niemand gerne verliert, tut man alles, um auf der Gewinnerseite zu stehen.[60] Gewinnen bedeutet im Konzept von Schuld und Scham nämlich auch, seine Würde zu behalten.

Kompromisse werden gefunden, »um endlich mal Ruhe zu haben« oder weil andernfalls das schlechte Gewissen plagt. Im Inneren bleibt der Konflikt jedoch meistens bestehen. Zumindest arbeiten die Konsequenzen der Pseudokompromisse weiter.

Wenn wir nach einem beziehungsorientierten Umgang mit Konflikten und deren Lösung fernab von Strafen und erzieherischen Konsequenzen suchen, gehört es dazu, dass wir unsere eigene Art und Weise, mit Konflikten umzugehen, überprüfen. Meiden wir womöglich Konflikte oder treten wir in ihnen energisch auf?

Bist du schon einmal, ohne dich von deinem Kind zu verabschieden, aus einer Situation, aus dem Haus oder dem Kindergarten geschlichen, damit dein Kind nicht weint oder du den Konflikt nicht aushalten musst? Obwohl du ein ungutes Gefühl dabei hattest? Oder tendierst du allgemein dazu, öfter Ja zu sagen, obwohl alles in dir Nein schreit? Wartest du darauf, dass sich Konflikte von allein auflösen, oder suchst du nur dann das Gespräch, wenn es für dich kein Zurück mehr gibt und du bereits allein eine Lösung für dich gefunden hast?

Vielleicht geht es dir aber auch völlig anders, und du gehst Konflikte und Auseinandersetzungen sehr energisch an. Bei euch zu Hause knallt es womöglich regelmäßig? Oder aber du erlebst, wie andere sich der Auseinandersetzung mit dir entziehen und erst dann auf dich zukommen, wenn das Kind sprichwörtlich bereits in den Brunnen gefallen ist und du nur noch vor vollendete Tatsachen gestellt wirst, während du noch wenige Augenblicke zuvor dachtest, dass alles in Ordnung sei?

Es ist wichtig, dass wir uns fragen, wie wir selbst Konflikte austragen und wie andere uns dabei sehen. Auch diese Art der Selbsterkenntnis gehört zu einem Wechsel der Perspektive dazu und hat großen Einfluss darauf, wie Konflikte innerhalb unserer Familien oder im Verantwortungsbereich von Schule und Kita angegangen werden. Innerhalb eines Systems beeinflussen sich alle stets gegenseitig. Ändere ich mich, ändert sich das gesamte System. Dafür ist es nicht nötig, dass wir andere – insbesondere unsere Kinder – formen.

Wenn ich also jemand bin, der Konflikte nicht auszutragen weiß, so lohnt es, sich zu fragen, was mich davon abhält. Ist es Angst? Und wenn ja, wovor habe ich Angst? Beruht diese Angst auf tatsächlich gemachten Erfahrungen oder entspringt sie Vermutungen und Glaubenssätzen, die ich verinnerlicht habe? Was könnte im schlimmsten Fall passieren, falls ich doch den Mut fände, mich aktiv um eine gemeinsame Lösung zu bemühen? Was passiert im Idealfall? Benötige ich Hilfe bei diesem Prozess?

Sehr oft stellen wir bei solch einer Analyse fest, dass unsere Sorgen unbegründet sind und wir woanders ein Thema haben, das uns an einer aktiven Auseinandersetzung und Konfliktlösung hindert. Zugleich erleben wir, dass unser Rückzug die Perspektive des Gegenübers stark verzerrt. Ein Kind kann nicht wissen, dass Eltern oder LernbegleiterInnen, die ihre Grenzen nicht zeigen und – ohne es zu meinen – stets Ja sagen, genau darunter leiden. Es versteht folglich umso weniger, wenn sich die in ihnen aufgestaute Frustration plötzlich Bahn bricht.

An dieser Stelle kommt ein weiteres Problem zum Tragen: Wir verhalten uns oftmals widersprüchlich und geben unseren Kindern doppelbödige Botschaften. Diese Art der widersprüchlichen Kommunikation, in der unsere Mimik und Gestik oder auch unsere innere Haltung nicht mit dem Gesagten übereinstimmen, verunsichert das Kind in seiner Wahrnehmung, aber auch in seinen Gefühlen und Bedürfnissen.

Wenn wir innerlich kochen, aber ständig nur ein verleugnendes »schon gut« von uns geben, hat dies durchaus Auswirkung auf die Persönlichkeitsentwicklung unserer Kinder, die damit beschäftigt sein werden, zu überprüfen, ob ihre Wahrnehmung nun stimmt oder nicht. Sie verlieren ihr *Bauchgefühl*. Es ist daher wichtig, dass wir uns unserer Kommunikation bewusst werden und uns mit unserer Konfliktvermeidung auseinandersetzen.

Dasselbe gilt für Menschen, die sich als sehr energisch und verhandlungssicher wahrnehmen. Auf andere kann dies cholerisch und äußerst aggressiv wirken, sodass gerade Kinder leicht in eine konfliktvermeidende Haltung gehen, da sie meinen, »eh keine Chance« zu haben. Auch Projektionen seien an dieser Stelle erwähnt. Erlebe ich mein Gegenüber als besonders aggressiv, so könnte dies ein Hinweis auf mein eigenes Verhalten oder Innenleben sein. Häufig fällt uns am Verhalten unseres Gegenübers nämlich genau das auf, was wir an uns selbst nicht sehen wollen.

Unsere Wahrnehmung beeinflusst maßgeblich unsere Kommunikation und Konfliktfähigkeit. Sie bestimmt mit, ob wir Situationen sachlich oder emotional betrachten können oder wie wir Handlungen und Ereignisse interpretieren. In Konflikten stehen wir meist unter Stress, wodurch sich unsere vorher schon selektive Wahrnehmung noch einmal verengt. Wenn zu dieser selektiven Wahrnehmung dann noch Missverständnisse und andere Kommunikationsprobleme hinzukommen, eskaliert eine Situation ganz leicht.

Aktives, das heißt offenes, neugieriges und wirklich interessiertes sowie einfühlsames Zuhören, das keine vorschnellen Schlüsse zieht, hilft uns, eine andere Perspektive einzunehmen, unsere Wahrnehmung zu überprüfen und selbst besonders angespannte Konfliktsituationen zu entschärfen. Es geht darum, dass wir ganz bewusst ermöglichen, dass verschiedene Positionen vertreten werden. Unsere Kinder brauchen uns hier ganz besonders, da die natürliche Ausgangssituation zwischen Erwachsenem und Kind erst einmal eine Abhängigkeit und ein Machtgefälle bedeutet.

Das erlaubt uns des Weiteren ein Abwägen: Wer sieht etwas, was ich nicht sehe? Erst wenn wir uns bewusst sind, wie andere die Situation wahrnehmen, und gleichzeitig wissen, wie es uns selbst damit geht, ist ein Vertreten der eigenen Haltung wirklich möglich. Klarheit über die Vorstellung von sich selbst erleichtert es, sich zu ändern. Klarheit über die Vorstellung anderer erleichtert es, sich auf diese einzulassen.

Verantwortung tragen stets die Erwachsenen

Um Konflikte in der Familie, Kita oder Schule – vor allem diejenigen mit Kindern – beziehungsorientiert zu lösen, müssen wir beginnen, Verantwortung zu übernehmen.

Wir Menschen tragen Verantwortung, dieser können wir uns nicht entziehen. Selbst dann, wenn wir uns verweigern, sie zu tragen, müssen wir doch mit den Konsequenzen dieser Entscheidung leben und bleiben somit in der Verantwortung. Hier gerät Erziehung gerne in einen Zwiespalt. Ist es zum Beispiel gerechtfertigt, die Freiheit eines Kindes zu beschneiden, weil ich hoffe, es so zu beschützen? Kann ich meinem Kind bestimmte Entscheidungen überhaupt überlassen? Und überlasse ich ihm damit auch automatisch die Verantwortung dafür?

Dazu ein Beispiel:

Muss ich meinem Kind spätestens am zweiten oder dritten Geburtstag den Schnuller abgewöhnen? Ist es vielleicht sogar meine Pflicht, um es vor möglichen Konsequenzen zu schützen, die ein längeres Schnullern nach sich ziehen könnte? Oder will ich das Selbstbestimmungsrecht meines Kindes respektieren und lieber die Verantwortung dafür tragen, dass wir nach Lösungen suchen, sollte ein »Notfall« eintreten? Wie authentisch bin ich meinem Kind gegenüber, wenn ich Konflikte kreiere, die einem erzieherischen oder von Angst geleiteten »Mindset« entspringen? Wenn ich mich also von Gedanken leiten lasse wie »Du bist doch schon zu groß zum Schnullern«, »Was werden die anderen denken?«, »Alle sagen, es wird den Zähnen schaden«? Welcher Mittel und Methoden bediene ich mich, um mein Ziel der Schnullerentwöhnung zu erreichen?

Und wie ändert sich meine Haltung, wenn tatsächlich eine Situation eingetreten ist, die ein Handeln erfordert? Wenn zum Beispiel Kieferfehlstellungen auftreten? Bin ich dann klarer und muss nicht mehr auf Angst als Druckmittel zurückgreifen? Entlässt mich meine Entscheidung – unabhängig davon, wie diese ausgefallen ist – aus der Verantwortung, mein Kind zu begleiten und aufzuklären? Welche Konsequenzen mag ich lieber tragen?

Niemand außer wir selbst kennt unsere jeweilige Lebenssituation. Zu dieser gehört das Setting, in dem unser Leben stattfindet, aber vor allem auch das, was in unserem Inneren vor sich geht. Dies wird nicht zuletzt durch unsere Lebenserfahrungen geprägt. Jemand, der beispielsweise an einem offenen Biss leidet oder gelitten hat, der auf zu langes Saugen am Schnuller zurückzuführen sein könnte, bringt eine vollkommen andere Ausgangssituation mit, als jemand, der bis weit ins Kindesalter hinein am Daumen genuckelt, trotzdem wunderschöne Zähne hat und keinerlei negative Erlebnisse mit diesem Thema verbindet.

Das ändert nicht nur unsere Wahrnehmung, sondern auch unsere Ausgangssituation und hat Einfluss auf unsere Entscheidungen. Zu unserer Verantwortung gehört, dass wir das eigene Denken reflektieren, an den eigenen Ängsten arbeiten und bestimmte individuelle Prädispositionen berücksichtigen. All das können wir offen kommunizieren. Das macht uns in der Auseinandersetzung authentisch, entlässt uns aber nicht aus unserer Verantwortung. Das gilt für alle sogenannten Konfliktklassiker im Alltag mit Kindern: von der Zahnhygiene über die Nutzung digitaler Medien bis hin zur Nahrungsaufnahme.

In der Beziehung zu unseren Kindern sind es wir, die Erwachsenen, die stets die Verantwortung für die Beziehungsqualität tragen. Aufgrund unserer Lebenserfahrung und Reife sind wir in der Lage, auf den Entwicklungsstand unserer Kinder Rücksicht zu nehmen. Das ist Respekt – ein Wert, der vielen Eltern ein Anliegen ist, und der sich vorleben lässt. Dasselbe können wir von unseren Kindern jedoch nicht erwarten, es uns höchstens wünschen.

Konflikte, die andauern oder immer wiederkehren – manchmal auch hinter einer anderen Fassade –, sind im Grunde offene Fragen, die uns das Leben stellt und die dringend beantwortet werden wollen. Solange wir uns vor ihnen drücken, indem wir flüchten oder sie durch Machtmissbrauch im Keim zu ersticken versuchen, wird uns das Leben immer und immer wieder diese Lernaufgaben stellen – im Großen und im Kleinen. Erst wenn es uns gelingt, in die Verantwortung zu kommen, kann der Konflikt in Lernerfahrung und Wachstum umgewandelt werden.

Die wahren Ursachen von Konflikten in Familie, Schule und Kita

Konflikte wollen angeschaut werden und geben uns Hinweise auf Schieflagen und Entwicklungspotenziale. Um letztere vollends ausschöpfen zu können, müssen wir zunächst herausfinden, welchen Ursprung der Konflikt tatsächlich hat.

Im Alltag neigen wir meist dazu, Konflikte *auslöserorientiert* zu behandeln und vergessen dabei, nach der wahren *Ursache* des Konfliktes zu suchen. Im familiären und institutionellen Kontext bieten sich täglich verschiedene Situationen, die dies deutlich machen. Hier und in den folgenden Kapiteln ein paar Beispiele:

Zwei Geschwister streiten sich. Es kommt zu Handgreiflichkeiten, und die Eltern schreiten ein. Als Grund des Konflikts wird in der Regel das Verhalten eines der Kinder oder beider Kinder betrachtet. Das verleitet Erwachsene sehr oft zu Sanktionen und erzieherischen Maßnahmen. Dabei kann das Verhalten der Kinder höchstens ein Auslöser sein, aber niemals die eigentliche Ursache eines Konfliktes. Diese findet sich stets auf der Bedürfnisebene.[61]

An dieser Stelle möchte ich den Fokus auf eine konkrete Annahme legen: Eine mögliche Ursache für den Streit der Kinder könnte darin zu finden sein, dass sie – zumindest gefühlt – um die begrenzt vorhandenen Ressourcen – Wohnraum, Aufmerksamkeit der Eltern, Nahrung, Medien etc. – konkurrieren »müssen«.

Eine weitere Annahme könnte sein, dass das familiäre System gerade durch eine herausfordernde Zeit geht, sich im Ungleichgewicht befindet und eine allgemeine Anspannung in der Luft liegt. Die Kinder reagieren sensibel darauf und spiegeln ihren Eltern die sie umgebende Lebenssituation.

Es könnte aber auch sein, dass eines der Kinder nach Unterhaltung und Verbindung sucht, dafür jedoch eine für die anderen unpassende Strategie gewählt hat.

Sicherlich ließen sich noch weitere Hypothesen finden, warum es tatsächlich zum Streit zwischen den Geschwistern kam. Das Verhalten der Kinder kann darauf Hinweise geben, ist aber nicht die eigentliche Ursache. Wollen wir den Konflikt jedoch an der Wurzel lösen, müssen wir dessen Ursache kennen.

Unterschiedliche Erfahrungen und Ansichten darüber, wie ein Kind begleitet werden soll, führen nicht selten zu schwerwiegenden Konflikten zwischen Eltern. Besonders gerne treten solche Konflikte in angespannten Alltagssituationen zutage. Auslöser können sein:

Ein Elternteil mischt sich in die Auseinandersetzung des anderen Elternteils mit dem Kind ein. Sie beginnen zu streiten. Der eine sieht den Auslöser eindeutig in der Einmischung, der andere im – seiner Ansicht nach – unpassenden Umgang des anderen mit dem Kind.

Die Situation neigt immer dann dazu, zu eskalieren, wenn beide Konfliktparteien nicht von ihrem Standpunkt abweichen, Recht haben wollen und die Bedürfnisse des anderen außer Acht lassen. Es wird dann zumeist höchst emotional *inhaltlich* über den Umgang mit dem Kind und den der Eltern untereinander diskutiert. Jeder versucht, den anderen zu überzeugen. Hat einer dabei Erfolg, löst sich der Konflikt möglicherweise auf. Manchmal lassen sich auch beide um des lieben Friedens willen – »schließlich hat es doch gar keinen Sinn« – auf mehr oder minder zufriedenstellende Kompromisse ein. Bis es wieder kracht.

Was könnten aber die Gründe für die jeweiligen Reaktionen der Eltern und Partner sein? Auch hier lassen sich verschiedene Hypothesen finden:

So könnte einer von ihnen oder gar beide unter Stress reagiert haben. Womöglich hat der Konflikt aber auch gar nichts mit dem Umgang mit dem Kind zu tun, sondern betrifft viel mehr die Beziehung des Paares zueinander. Geht es vielleicht um Wertschätzung? Um das Gesehenwerden? Um Zusammengehörigkeit? Um Autonomie und Respekt?

Auch hier sind wir wieder im Bereich der Bedürfnisse angelangt und können verschiedene Annahmen treffen. So zum Beispiel darüber, durch welche »Schule« der jeweils andere im Leben gegangen ist, oder was ihn am Verhalten des Kindes oder Partners möglicherweise triggert. Da wir vermutlich alle selbst einst Erziehung erfahren haben, ist davon auszugehen, dass wir ganz besonders in Konfliktsituationen mit den eigenen Erlebnissen aus der Kindheit konfrontiert werden.

Wir können uns also darauf versteifen, Recht zu bekommen, können Wege suchen, den Auslöser des Konfliktes – wie ein Symptom – zu behandeln und können jemanden für die daraus resultierenden Konsequenzen verantwortlich machen, oder aber wir beginnen, wahre Ursachenforschung zu betreiben. Die gezeigte Hypothesenbildung kann hierfür eine geeignete Methode sein.

Im Normalfall neigen wir jedoch dazu, uns gedanklich vorzustellen, was wir unserem Kontrahenten alles hätten sagen können oder wollen. Ähnlich ergeht es Kindern, die zur Strafe ins Zimmer geschickt oder auf den Stuhl gesetzt werden. Lösen wir uns also davon, indem wir einen Schritt zurückgehen und uns auf eine höhere Ebene begeben.

Unsere Konfliktlösungskompetenz ist stark von unserer auf Logik getrimmten Denkweise geprägt – und dadurch leider auch eingeschränkt. So bleiben wir auf der Objekt-Ebene stehen, auf der es lediglich um die Sachargumente geht. Deswegen streiten wir auch so gerne über Inhalte und das Wie und Wer, aber selten über das, »worum es eigentlich geht«. Zwischenmenschliche Konflikte – und dazu gehören die meisten Konflikte mit Kindern, bei denen es um Bedürfnisse, Emotionen und Wünsche geht – spielen sich jedoch stets auf der Subjekt-Ebene ab. Diese Art von Konflikten lässt sich erst auf einer höheren Ebene lösen: der Meta-Ebene. Auf ihr geht es um ein bewusstes Sortieren der eigenen Gedanken:

- Wie agiere ich gerade?
- Wie will ich agieren?
- Passt das, was ich an mir beobachte, zu dem, was ich gerne will?
- Was war heute alles los?
- Was könnte mein Kind und mich daran hindern, zu kooperieren?

- Habe ich heute oder in den letzten Tagen zu viel von meinem Kind und mir erwartet?
- Übe ich vielleicht hier und jetzt zu viel Druck aus?
- Was könnte also die Ursache dafür sein, dass mein Kind sich so verhält, wie es sich verhält, und welchen Grund habe ich, so zu agieren, wie ich agiere?
- Ist meine Art zu handeln hilfreich im Hinblick auf das, was mir wichtig ist?

Ausgangsbedingung, um Konflikte beziehungsorientiert zu lösen, ist die Bereitschaft, ein Problem tatsächlich auf Augenhöhe und in Gleichwürdigkeit lösen zu wollen. Nur wenn diese Motivation groß genug ist, kann es uns gelingen, zu dem erwünschten Ergebnis zu kommen. Dieses heißt nicht: »Das Kind folgt mir nun.«, sondern: »Wir sind in Beziehung und haben eine Lösung auf dieser Ebene gefunden«.

Es ist für die Lösungsfindung vollkommen unerheblich, wodurch der Konflikt ausgelöst wurde. Aber es ist nicht möglich, einen Konflikt – egal ob klein oder groß, akut oder wiederkehrend – zu lösen, ohne die Ursache zu kennen.

Faule Kompromisse

Wenn ich an Verhandlungen im beruflichen Kontext denke, dann geht es dabei oft darum, den größtmöglichen Nutzen für das eigene Anliegen zu erzielen. Ein klares Ziel wird innerhalb eines vorgegebenen Rahmens verfolgt. Hart in der Sache, aber »weich« zur Person, lautete die Devise. Manchmal aber auch nicht. Das Verständnis vom bestmöglichen Ergebnis ist, wenige Kompromisse einzugehen und die eigenen Vorstellungen möglichst stark durchzusetzen.

Manchmal hat man mehr Spielraum und kann ganz neugierig an Verhandlungen herangehen. Das Ziel lautete lediglich: Löse das Problem. Diese Art der Verhandlung habe ich im Berufsleben als sehr bereichernd und beziehungsfördernd erlebt, denn hier wollte niemand gewinnen, sondern zumeist partnerschaftlich kooperieren. Die anderen Verhandlungen hingegen erlebte ich dagegen oft als taktisch, manipulativ und abgrenzend.

Das Wohlwollen ist im beruflichen Alltag regelmäßig davon abhängig, wer am längeren Hebel sitzt. Es ist eine Frage von Macht, wozu auch Verhandlungsgeschick gehört. Die Beziehungsebene spielt hier ebenfalls eine große Rolle, allerdings weniger im Sinne von Neugierde – eher geht es darum, die Beziehung gezielt zu seinem beruflichen Vorteil zu nutzen. Das empfinde ich insgesamt immer wieder als sehr belastend und trennend.

Ich fürchte, ähnlich wie mir einst im Beruf geht es vielen Kindern zu Hause, in der Schule oder in der Kita. Per se sind Erwachsene in der stärkeren Position: Sie sind mächtiger, älter, vermeintlich wissender und gesellschaftlich etabliert. Die Ausgangslage von Kindern ist hingegen äußerst bescheiden. Sie sind voll und ganz abhängig. Umso wichtiger ist es, dass wir Erwachsenen uns dieses Missverhältnis bewusst sind und sehr sorgsam mit unserer Macht umgehen sowie diese nicht unbewusst ausnutzen. Dazu ein paar Gedanken:

Wenn ich beispielsweise der Meinung bin, dass der Umgang mit digitalen Medien unter bestimmten Voraussetzungen schädlich ist, dann liegt es in meiner Verantwortung, klare Ansagen zu machen: *»Kind, ich will das nicht und ich erlaube es nicht!«* – Punkt.

Ja, das ist übergriffige und schädliche Fremdbestimmung, aber sie ist an dieser Stelle wenigstens ehrlich. Ich mache keinen Menschen für meine Ängste und Glaubenssätze verantwortlich und überrolle niemanden mit falschen Erwartungen. Ich sollte mir jedoch immer bewusst sein, dass ich dabei *meine Bedürfnisse* über das *Selbstbestimmungsrecht des Kindes* stelle.

Für eine solche »Lösung« brauche ich keine Verhandlungen. Nicht aus der Position heraus, in der ich mich als Erwachsener befinde. Ich habe die Macht, zu entscheiden und lasse – wenn ich ehrlich bin – sowieso kein anderes Ergebnis zu als das von mir für richtig befundene. Falls ich aus dieser Haltung heraus *dennoch* verhandele, dient diese Verhandlung einzig dazu, mein Gewissen zu beruhigen und die Verantwortung zum Schein mit meinem Kind zu teilen oder sie ihm ganz zuzuschieben. Hier ein Beispiel:

Das Kind schaut sich seit einer Weile eine Sendung an. Der Erwachsene möchte, dass es sich nun mit etwas anderes beschäftigt, da dieser glaubt, dass zu viel Fernsehen schädlich für Kinder sei. Konfrontiert mit seinem Wunsch geht das Kind in Widerstand. Der Erwachsene reagiert darauf mit einem Angebot: »Du schaust dir noch eine Folge an und machst dann aus!«. Das Eine führt zum Anderen und beide einigen sich letztlich auf zwei weitere Folgen. Eine Win-Win-Situation mag man meinen. Doch wie bereits zu ahnen war: Als dann die zwei Folgen zu Ende sind, beginnt das Kind erneut zu verhandeln und wird wütend. Darüber ärgert sich der Erwachsene wiederum, schließlich habe man ja miteinander verhandelt und ein Kompromiss vereinbart. Darauf wird das Kind nun festgenagelt, woraufhin es frustriert resigniert.

Seine Verzweiflung ist vollkommen verständlich, denn eine solche Pseudoverhandlung und der faule Kompromiss am Ende sind unglaublich gemein. Warum? Das Kind hatte nie wirklich eine faire Chance, denn der Ausgang stand für den Erwachsenen bereits fest. Dabei ist irrelevant, ob dieser sich auch noch auf eine weitere Folge eingelassen hätte oder nicht. Die Alternative zum gefundenen Kompromiss war, gar nicht weiter schauen zu können; der Wunsch des Kindes einfach zu schauen, wie es beliebt, keine Option. Also blieb dem Kind gar nichts anderes übrig, als sich auf den Vorschlag einzulassen und das maximal Mögliche für sich herauszuholen. Dass es anschließend erneut ansetzt, ist in solch einem Fall vorprogrammiert. Eine natürliche und auch gesunde Reaktion auf Fremdbestimmung und Willkür. Fremdbestimmung ist ebenfalls gemein, allerdings ist der Umgang damit leichter, wenn dieser Eingriff als solcher benannt und das Kind in seiner Frustration darüber ernst genommen wird: *»Ich habe entschieden und ich verstehe, dass das blöd für dich ist.«* Bestehe ich jedoch darauf, dass *wir* einen Kompromiss getroffen haben, entziehe ich mich zusätzlich meiner Verantwortung, die Autonomie des Kindes beschnitten zu haben.

Kinder im Unklaren zu lassen, ist allerdings keinen Deut besser. Sie wollen uns kennenlernen und spüren, wenn wir etwas missbilligen, auch wenn wir sie gewähren lassen. Unsere Klarheit gibt ihnen Orientierung darüber, wer wir sind und wie wir zu Entscheidungen kommen. Viele Entscheidungen, die wir als Eltern oder LernbegleiterInnen treffen, katapultieren uns in ein Dilemma: Fremdbestimmung oder Schutz? Manchmal gibt es einfach keine Ideallösung. Das ist okay, solange wir für unsere Entscheidungen die Verantwortung übernehmen.

Glaube ich jedoch daran, dass Kinder kompetent sind, und verhandle tatsächlich *ergebnisoffen*, dann machen Verhandlungen sogar Spaß. Das Ergebnis ist nicht an Erwartungen geknüpft, es ist lediglich ein Wunsch, ein *»Schauen wir mal, wie es läuft und ob es uns tatsächlich gefällt …«*, es ist ein *»Ja, probieren wir das mal aus!«*.

Schauen wir uns das anhand eines Beispiels an:

»Mama, ich will Eis.«
»Puh, wir haben nichts im Haus, und ich hatte eigentlich vor, jetzt die Wäsche zu machen.«
»Hm, ich habe aber echt große Lust auf Eis!«
»O.k., dann mache ich schnell die Wäsche und kaufe dir danach Eis.«
»Warum gehen wir nicht jetzt Eis kaufen und machen danach die Wäsche zusammen?«
»Dann ist sie nicht trocken, wenn ich sie brauche. Wenn du mir aber schnell hilfst, dann sind wir schneller beim Eis.«
…

Das wäre eine sogenannte ergebnisoffene Verhandlung. Im Grunde wird weniger verhandelt, als kooperiert und gemeinsam erörtert, was realisierbar ist. Es geht um eine Lösung, in der alle Beteiligten mit ihren Bedürfnissen Berücksichtigung finden. Die Haltung des »Mächtigeren« wird getragen vom Willen, zu kooperieren. Und genau das ist es, was Kinder so dringend brauchen: kooperative Eltern!

Stünde aber für die Mutter in diesem Moment das Eisessen gar nicht zur Diskussion (Zucker, Geld, Weg ...), sollte sie sich und dem Kind eine »Verhandlung« auf jeden Fall ersparen. Pseudokompromisse sind nämlich schlicht nicht fair und dienen lediglich dazu, demjenigen am längeren Hebel ein gutes Gewissen zu machen. Daneben bietet sie den perfiden Nebeneffekt, dass der Erwachsene das Kind in Zukunft immer wieder manipulativ daran erinnern kann, dass man sich doch geeinigt habe und das Kind sich an diese »Einigung« halten solle.

Kinder wollen kooperieren. Ihr Bedürfnis nach Zugehörigkeit ist enorm. Die Frage ist also, ob auch wir kooperativ sind oder daran arbeiten wollen, es zu werden. Genau das schafft eine nachhaltige Verbindung.

Typische Konflikte in der Familie, in der Schule und in der Kita

Im Zusammenleben mit Kindern werden wir mit Dingen konfrontiert, die uns womöglich inakzeptabel erscheinen. Für den einen ist das das Werfen von **Essen,** für den nächsten ist es bereits die Tatsache, dass Kinder selbstständig den Esstisch verlassen und nicht stillsitzend darauf warten, bis alle ihre Mahlzeit beendet haben. Gerade in Kitas, aber auch in vielen Familien und Schulen ist das noch immer ein großes Thema.

Wir sind von dem geprägt, was uns umgibt und wie wir selbst aufgewachsen sind. Auch LernbegleiterInnen lernen in der Praxis voneinander, wo Vorbilder für eine Begleitung auf Augenhöhe häufig nicht vorhanden sind. So werden Kinder noch immer dazu genötigt, angebotenes Essen wenigstens zu probieren oder gar vollständig aufzuessen. Kommen sie dem nicht nach, müssen sie zur Strafe sitzen bleiben, werden von Aktivitäten ausgeschlossen oder bekommen keinen Nachtisch. Selbst Zwangsfütterung ist keine ausgestorbene Praxis.

Im Zusammenleben mit Kindern ist es unabdingbar, dass wir uns, unseren Lebensentwurf und die Lebenssituationen in unseren Familien und Gemeinschaften hinterfragen. So kann eine »Ja-Umgebung« einigen Konflikten vorbeugen, indem ich ein altersgerechtes Umfeld für Kinder schaffe, das ihnen Teilhabe ermöglicht. Anstatt einer festen Essenskombination kann ich also viele verschiedene Speisen anbieten, die individuell kombiniert werden können. Das ist eine einfache, kostengünstige Möglichkeit, Probleme aus der Welt zu schaffen. Eine weitere ist, die Kinder die Gerichte der kommenden Tage gemeinsam auswählen zu lassen. Oder man macht ganztags ein offenes Buffet anstatt feste Essenszeiten einzuhalten. Dies bedeutet jedoch auch in anderen Bereichen mehr Offenheit.

Kinder wollen ihre Welt erfahren und erleben. Mit allen Sinnen erforschen, spüren und begreifen. Sie haben Spaß am Entdecken. Wenn sie »Essen vom Tisch herunterschmeißen«, kann dies bedeuten, dass wir vorübergehend am Boden gemeinsam ein Picknick machen sollten. Oder ich ermögliche meinem Kind beziehungsweise der Kita-Gruppe, die Entdeckerfreude in einer anderen Situation auszuleben, wenn ich sie am Essenstisch nicht gut aushalten kann oder es in der Kita aus anderen Gründen nicht möglich ist. Es geht also um kreative Lösungen und das Annehmen von kindlichen Bedürfnissen.

Es ist möglich, seiner Fürsorgepflicht nachzukommen und dabei Kinder auf Augenhöhe – im Sinne einer gewaltfreien Kindheit – zu begleiten. Einem Kind seine Integrität zu lassen, diese zu achten und zu respektieren, bedeutet alles andere, als ein Kind dabei sich selbst zu überlassen. Es bedeutet, das Kind und somit auch seine Rechte als Mensch in seiner Gleichwürdigkeit anzuerkennen.

Auch dann, wenn sein Verhalten die Grenzen anderer massiv überschreitet, wie dies im Falle von **Mobbing oder körperlichen und gar sexuellen Übergriffen** zwischen Kindern der Fall ist.

In solchen Fällen steht der Schutz der betroffenen Kinder an erster Stelle. Es ist wichtig, dass diese erfahren, dass das Verhalten des anderen nicht richtig ist, dass gehandelt und dem nachgegangen sowie Hilfe angeboten wird. Zugleich ist es unabdingbar, dass übergriffig gewordene Kinder erfahren, dass ihr Verhalten nicht in Ordnung ist oder toleriert wird, dass niemand das Recht hat, andere so zu verletzten, und Wege gefunden werden müssen, dass sich dies nicht wiederholt. Es muss ihnen geholfen werden, andere Strategien für sich zu finden.

Ausschluss zum Schutze anderer kann in diesem Zusammenhang durchaus eine temporäre Lösung sein, sollte aber niemals als strafende Maßnahme eingesetzt werden. Die eigene Haltung dabei ist tatsächlich oft entscheidend.

Die Institutionen, insbesondere Schulen und LernbegleiterInnen, aber auch die Eltern sind hier gefragt, die systembedingten, aber auch individuellen Ursachen hinter dem Übergriff zu ergründen. Sie müssen Verantwortung übernehmen, diese Themen enttabuisieren und sich aus dem Täter-Opfer-Denken lösen. Schutzkonzepte und eine fachliche Begleitung sind nicht nur in der akuten Situation eine gute Idee, sondern unabdingbar. Supporten statt strafen, sollte stets die Devise sein.

Das bereits erwähnte **Zähneputzen** ist ein Thema, das sowohl in Familien als auch in Kitas häufig für Konflikte sorgt. Hier ist es sinnvoll, sich darüber klar zu werden, welche Wege gegangen werden können, wenn Gewalt nicht infrage kommt.

Prävention steht für Maßnahmen, die ein unerwünschtes Ereignis vorbeugen sollen. Prävention – also der Schutz beispielsweise vor einer möglichen, temporären gesundheitlichen Folge – rechtfertigt jedoch nicht den Einsatz von Gewalt. Das Leben eines Kindes hängt in der Regel ja nicht davon ab, ob es seine Zähne täglich im Badezimmer geputzt bekommt. Wenn wir aber Gewalt bereits im Alltag legitimieren, wird sie zur Regel.

Es ist ein Unterschied, ob wir über Prävention sprechen oder aber über das Vorliegen einer konkreten Erkrankung. Das Zähneputzen ist nicht die einzige Art für Zahnhygiene zu sorgen. Nicht alle Menschen erkranken unweigerlich an Karies, aber es ist allgemein bekannt, dass bestimmte Dinge Karies begünstigen, und dass es Möglichkeiten gibt, dieses Risiko zu mindern.

Ich persönlich kenne keine Eltern, denen die Zahngesundheit ihrer Kinder nicht wichtig ist. Ich gehe also davon aus, dass wir in der Mehrheit präventiv tätig sind und unseren Kindern unnötige negative Erfahrungen beim Zahnarzt ersparen wollen. Wir müssen aber genau deshalb darüber sprechen, was Prävention bedeutet und wie diese in der Vielfalt ihrer Möglichkeiten und unter Berücksichtigung der Individualität jedes einzelnen Kindes, ihrer Familien und Lebenssituation gewaltfrei aussehen kann.

Es ist unsere Pflicht, gewaltfreie Lösungen zu finden und wenig zielführend, die Prävention der Zahngesundheit ohne Gewaltprävention zu betrachten und leben. Ich als Mutter erachte Hygiene, somit auch die der Zähne, als sehr wichtig. Genauso wichtig ist es für mich, auf die Integrität meiner Kinder zu achten. Das eine schließt das andere jedoch nicht aus. Beide Aspekte bilden einen Rahmen, der von Liebe, Respekt, Gewaltfreiheit und Gleichwürdigkeit geprägt ist, den ich mir für meine individuelle Lösungssuche setze, und zwar ganz individuell für jedes meiner Kinder unter Berücksichtigung ihrer Lebensgeschichte, Entwicklungsphase, Persönlichkeit und unter Einschätzung des individuellen Risikos meiner Familie aufgrund von Genetik, Erfahrung und Ernährung.

Wenn wir Eltern wollen, dass unsere Kinder ihre Integrität zu wahren wissen, müssen auch *wir* ihre Integrität wahren. Wenn wir wollen, dass unsere Kinder lernen, Nein zu sagen, dann müssen *wir* ihr Nein respektieren.

Ein Kind, das im Namen der Gesundheit unter körperlichem Zwang die Zähne geputzt bekommt, lernt, dass es Umstände gibt, die einem anderen das Recht einräumen, über seinen Körper zu verfügen. Wird die Gegenwehr des Kindes dann auch noch mit Schimpfen und Strafen getadelt, lernt es, dass sein Nein nicht nur nicht gehört wird, sondern auch nicht erwünscht ist. Es denkt, dass ein Nein falsch ist und dass es nur durch ein Ja der Liebe seiner Eltern und anderer würdig ist. Es denkt, dass es nicht o.k. ist, wie es ist. Und vielleicht zeigt es in der Folge selbst übergriffiges Verhalten, weil es vorgelebt bekommen hat, dass ein solches manchmal gerechtfertigt ist.

Es mag wie ein Dilemma erscheinen. Aber wenn wir ehrlich sind, ist ganz oft Ungeduld im Spiel. Es gibt kaum einen Konflikt mit Kleinkindern, der sich nicht mit ein wenig Kreativität und Geduld lösen lässt. Die Zeit dafür ist leider etwas, das uns Erwachsenen im Alltag häufig fehlt. Das hat verschiedene Gründe, hat aber mit dem Kind selbst am allerwenigsten zu tun.

Außerdem wissen wir oft einfach zu wenig über die kleinkindliche Entwicklung und werten das Verhalten von Kindern nach unseren erwachsenen Maßstäben. Wir können nicht erwarten, dass junge Kinder mit Vernunft und Sinnerfassung bei der präventiven Zahnhygiene kooperieren. Sie tun es, weil sie uns lieben oder aber, weil sie dabei Spaß und Freude erleben.

Kreative Wege ohne grenzüberschreitendes Verhalten können sein: Bei einem Kind ein Zahnputzlied, beim nächsten ein Ortswechsel vom Bad ins Wohnzimmer. Wieder ein anderes Kind verträgt das Gefühl der konventionellen Bürste im Mund nicht und braucht gänzlich andere Lösungen, sei es über die Ernährung oder andere zunächst nicht ganz so offensichtliche Alternativen wie Xylit oder bei etwas älteren, versierteren Kindern die Pflege des Mundraums durch Ölziehen.

Neben der Zahnhygiene sind der **Umgang mit digitalen Medien** und der **Konsum von Süßigkeiten** Dauerthemen in Eltern-Kind-Diskussionen – um nur ein paar zu nennen. In diesen Diskussionen ist das Verhalten der Erwachsenen von Angst geleitet. Wir vermuten beispielsweise in Süßigkeiten sofort eine Bedrohung und verzichten darauf, alle uns verfügbaren Informationen sowie Handlungsalternativen zu prüfen und uns erst dann zu positionieren.

Angst verschiebt unseren Fokus auf die Bedrohung und engt unsere Wahrnehmung ein. Alle unsere Sinne sind darauf ausgerichtet, der Gefahr zu entkommen, ihr nicht zum Opfer zu fallen. Wir sind in Angst-Momenten nicht in der Lage, unseren Blick zu öffnen und alle uns vorhandenen Mittel zur Entscheidungsfindung in Anspruch zu nehmen. Dabei sind die Gefahren im Zusammenleben mit Kindern selten so bedrohlich, dass sie ein sofortiges Handeln verlangen. Vielmehr sind es sehr alltägliche Dinge, die uns herausfordern und die wir mit der Brille der Angst beurteilen.

Es ist sehr wichtig, dass wir unsere Ängste und Sorgen ernstnehmen, dass wir uns diese bewusst machen und eingestehen. In einem zweiten Schritt sollten wir sie kommunizieren, aber auch reflektieren. Die Gründe für unsere Ängste können vielfältig sein. Es ist wichtig, dass wir uns die Zeit nehmen, uns mit ihnen zu befassen. Sie erzählen oft eine ganze Menge über uns und unsere innere Haltung. Dadurch erhalten wir die Chance, etwas über unsere tatsächliche Motivation zu erfahren, Ängste schließlich aufzulösen oder aber selbstsicherer mit ihnen umzugehen.

Angst ist kein guter Ratgeber, wenn es uns an Vertrauen in unser Kind sowie in uns selbst fehlt. Süßigkeiten, Tablets, fehlende Hygiene, schlechte Noten … Leben ist gefährlich. Damit müssen wir in Respekt zu anderen umgehen lernen.

Unsere Kinder wachsen in einer Welt auf, in der digitale Medien und Süßigkeiten nun einmal vielerorts verfügbar sind. Wir können sie nicht ewig davor schützen. Im Sinne einer gewaltfreien Begleitung, der Co-Regulation und des Schutzes ergibt es also wenig Sinn, ihnen diese Dinge zu verbieten oder ihre Möglichkeiten zur eigenen Erfahrung pauschal einzuschränken. Sie haben ein Recht auf gleichberechtigte Teilhabe.

Vielmehr ist es unsere Aufgabe, sie zu begleiten, zu unterstützen, aufzuklären und ihnen einen geschützten Raum für eigene Erfahrungen zu bieten. Das legt nicht nur die Basis für ihr Vertrauen in sich selbst, sondern auch zu uns als Eltern. Daneben stärkt es unsere Beziehung zueinander und bietet den besten Schutz – nicht zuletzt vor Kompensationsmechanismen und Suchterkrankungen.

Zwischen Zwang und Vernachlässigung oder Selbstaufgabe existieren zahlreiche beziehungs- und bedürfnisorientierte Wege, um Kinder auf Augenhöhe und gewaltfrei im Leben zu begleiten. Menschen wollen wertgeschätzt werden, weil sie sind. Unser Menschsein ist unser aller gemeinsamer Nenner. Egal, wie groß oder klein, jung oder alt – wir alle wollen würde- und respektvoll behandelt werden.

Anders als Erwachsenen jedoch fehlt es jüngeren Menschen an Lebenserfahrung und Reife. Sie sind im besonderen Maße auf uns und unseren Respekt angewiesen. Wir Erwachsenen sind in der Lage, Rücksicht auf die kindliche Entwicklung und die damit verbundenen Bedürfnisse zu nehmen. Das können Kinder aufgrund ihrer vollkommenen Abhängigkeit und ihrer fehlenden Reife noch nicht. Genau hier ist unser Vorbild gefragt: Wir sind in der Verantwortung, uns und unsere Kinder auf wichtige Termine gut vorzubereiten, genügend Zeit einzuplanen und notfalls Hilfe zu organisieren.

Wir geben unsere Verantwortung immer dann ab, wenn wir hingegen erwarten, dass Kinder unseren Anweisungen einfach Folge leisten und sie maßregeln oder gar bestrafen, wenn sie es nicht tun. Kinder kooperieren den ganzen Tag. Häufig ohne jegliche Anerkennung und Wertschätzung, schlicht, weil ihre Kooperation aus unserer erwachsenen Perspektive heraus selbstverständlich und nebensächlich erscheint.

Kinder kooperieren aus unterschiedlichen Gründen. Sie tun es, weil sie uns lieben, weil sie dazugehören möchten, weil sie soziale Wesen sind. Und manchmal ist ihre Kooperationsbereitschaft aufgebraucht, weil sie müde sind, weil sie darin keinen Sinn erkennen können, weil sie gerade einem anderen Bedürfnis nachgehen (müssen), weil sie nicht gesehen wurden. An dieser Stelle sind wir, unsere Kreativität und Fantasie, vor allem aber unsere Empathie besonders gefragt.

Autonomiephase, »Wackelzahnpubertät« und Pubertät

Wenn kleine Kinder im zweiten Lebensjahr in die **Autonomiephase** kommen, beginnen viele Eltern zu verzweifeln. Sie stellen nicht selten infrage, dass eine liebevolle Begleitung ausreicht, und gelegentlich fühlen sie sich schlicht überfordert, all den Erwartungen gerecht zu werden. Sie fühlen sich hilflos. Versagensängste machen sich breit. Eine anstrengende Zeit für Eltern und Kinder.

In der Autonomiephase lernen Kinder sich und ihre Welt kennen. Sie lernen, dass sie einen Willen haben, was sehr wichtig ist, und, dass sie über sich selbst entscheiden können. Sie sind keine Tyrannen oder Narzissten. Sie tanzen uns nicht auf der Nase herum. Es sind wir, die gelegentlich unkooperativ, respektlos und trotzig sind.

Wenn wir Eltern jedoch aufhören zu »trotzen« und beginnen zu vertrauen, können auch unsere Kinder anfangen zu entspannen und aufhören, um die eigene Integrität zu kämpfen. Für so einen kleinen Menschen ist unser Alltag ein anstrengendes und herausforderndes Abenteuer und wir Erwachsenen verhalten uns oft wenig kooperativ.

Wenn du etwas von deinem Kind haben willst, dann sage es so, wie es ist:

»Schatz, ich wechsle dir jetzt deine Windel.«

Wundere dich aber nicht, wenn es mit einem Nein reagiert. Kinder haben ein Recht darauf. Sie sind eigenständige Menschen und keine Untergebene, die Anweisungen befolgen. Dein Kind will dich nicht ärgern. Übergänge und Loslassen fallen ihm jetzt schwer. Außerdem will es über sich selbst bestimmen dürfen. Nicht ohne Grund heißt diese wichtige Entwicklungsetappe die Autonomiephase.

Manchmal hilft auch die größte Klarheit nichts. Unsere Kinder wollen nicht. Wenn du also merkst, dass deine Botschaft trotz mehrfacher Wiederholung nicht ankommt, so hast du zwei Möglichkeiten: Es später versuchen oder anders versuchen.

Verbinde verschiedene Aktivitäten. Womöglich macht eine davon deinem Kind Spaß. Beispielsweise könntest du das Windelwechseln mit dem Baden verbinden:

»Schatz, komm baden!«

Oder: Gib deinem Kind einen Entscheidungsrahmen, ohne das, was du tun willst und musst, infrage zu stellen:

»Möchtest du deine Windel hier oder im Bad wechseln?«

Oder: Kündige dein Vorhaben an und gib deinem Kind Zeit, sich mit der Idee anzufreunden:

»Ich wechsle dir nach dem Spiel die Windel.«

Oder: Sorge für Unterhaltung:

»Möchtest du dir dieses Buch anschauen, während ich dir die Windel wechsle?«

Frag dich immer, welches Bedürfnis sich hinter dem Verhalten des Kindes verstecken könnte: Worum geht es wirklich?

Einer meiner Söhne hat zum Beispiel in seiner Autonomiephase einmal den vom Vater frisch zubereiteten Salat in Apfelschorle ertränkt und anschließend die Tischdecke samt Geschirr auf den Boden gezogen. Mein Mann war nicht sonderlich begeistert.

Ich habe meinen Sohn aus der Situation genommen und bin mit ihm in ein anderes Zimmer gegangen. Er ist binnen weniger Minuten in meinen Armen unter vielen Liebesbekundungen eingeschlafen. Er war müde und brauchte Begleitung, aber wir waren mit uns beschäftigt, also suchte er sich andere Wege, um gesehen zu werden …

Das Leben verläuft nicht immer harmonisch. Reibung gehört dazu. Menschen bedürfen manchmal unterschiedlicher Dinge. Die Kunst besteht darin, die unterschiedlichen Bedürfnisse zu »unden«[62]. »Unden« bedeutet, dass sowohl deine als auch meine Bedürfnisse Berücksichtigung finden, es geht um »du UND ich«, um ein »Sowohl-als-Auch«. Selbst Erwachsene sind gelegentlich überfordert, wenn ihre Vorstellungen zu einer gemeinsamen Sache auseinandergehen. Beziehungen sind nie einfach. Aber was ist die Alternative zu Beziehung? Scheinbar brave, angepasste Kinder, die sich vor Konsequenzen fürchten und daher keine neuen Strategien im Umgang mit Konflikten lernen? Brav und angepasst – das lässt sich antrainieren und andressieren, doch der Preis ist enorm hoch und das Ergebnis langfristig nicht wirklich wünschenswert.

In Wahrheit wollen wir keine angepassten, folgsamen Menschen, sondern dass der Alltag einfacher, weniger stressig und mit weniger Konflikten und Herausforderungen einhergeht. Absolut legitim, jedoch ist es nicht besonders fair, die Erfüllung dieses Wunsches auf andere abzuwälzen. Die Lösung liegt nicht im Kind, sondern in uns selbst und in unserer gewählten Lebenssituation. Unsere Gesellschaft und unsere Lebensform sind alles andere als kinder- und familienfreundlich. Nicht die Kinder müssen passend gemacht werden, sondern das *Drumherum* muss wieder daran erinnert werden, dass wir alle nur Menschen sind. Das beginnt zunächst bei uns selbst mit dem Bewusstwerden, gefolgt von Achtsamkeit, die letztlich zur Veränderung führt. Wir Erwachsene sind für unsere Gefühle, für die Beziehung zum Kind sowie für die Stimmung im Haus, in der Schule oder Kita verantwortlich. Für mehr Leichtigkeit im Alltag müssen wir daher andere Wege finden.

Ja, Kinder in der Autonomiephase laufen weg, räumen Regale aus, gehen nicht zuverlässig aufs Klo, tragen oft noch eine ganze Weile Windeln und wollen diese nicht immer gleich wechseln. Sie sind impulsiv, werfen sich auf den Boden und setzen die Mittel ein, die sie zur Verfügung haben, um ihre Wünsche zu erfüllen, ihre Integrität zu wahren und ihren Frust kundzutun. Dieses Verhalten ist art- und altersgerecht.

Erwachsene, die mit Kleinkindern leben und diese respektvoll begleiten, dürfen aber auch mit sich selbst nachsichtig und empathisch sein. Es ist eine wahnsinnig herausfordernde Aufgabe. Ein Blick in gut sortierte Buchhandlungen verrät: Literatur zum Thema »Trotzphase«, wie die Autonomiephase umgangssprachlich und zugleich abwertend auch genannt wird, füllt die Regale. Wir alle haben dieselben Sorgen und Unsicherheiten mit ihr. Der Unterschied liegt höchstens im Umgang mit den damit verbundenen Herausforderungen.

Das Verhalten unserer Kinder in der Autonomiephase ist mitunter unglaublich anstrengend. Es ist aber weder ein persönlicher Angriff auf uns Erwachsene, noch ist es ein Hinweis darauf, dass wir als Eltern nicht kompetent wären und es an Maßregelungen und Strafen fehlen lassen würden.

Eine weitere, äußerst intensive Entwicklungsphase von Kindern ist die zwischen dem fünften und siebten Lebensjahr, die sogenannte »**Wackelzahnpubertät**« oder auch die »**6-Jahres-Krise«.** Gemeinsam haben beide Lebensphasen und auch die später folgende Pubertät, dass sie von zahlreichen inneren und äußeren Veränderungen, sehr oft auch von zwischenmenschlichen Konflikten und emotionalen Ausbrüchen geprägt sind. Fälschlicherweise werden diese den Kindern und Jugendlichen zu Lasten gelegt.

Genauso wackelig wie ihre Zähne ist nun mitunter auch das Befinden der Kinder.[63] Die körperlichen Veränderungen gehen mit einer zunehmenden kognitiven Reife und Entwicklung einher. Die Kinder verstehen immer mehr komplexe Zusammenhänge, wollen umso mehr partizipieren und die eigene Autonomie leben. Sie fühlen sich selbstständig. Aber auch das macht zugleich Angst. Ein ständiges Auf und Ab zwischen *»Ich bin schon groß!«* und *»Mama, lass mich bitte zurück in deinen Bauch!«* ist in ihrem Wirken erkennbar. Ihre innere Welt scheint Achterbahn zu fahren. Sie schlüpfen gerne zurück in die Rolle eines Babys, sprechen mit niedlicher Stimme und wollen getragen werden, um im nächsten Moment mit beinahe »arrogantem« Selbstverständnis zu verkünden: *»Ich brauche dich nicht«*.

Hinzu kommt, dass sich die körperlichen Proportionen beinahe täglich verändern. Eltern kommen mit dem Aussortieren der Kleidung und Schuhe kaum hinterher. Die Körperwahrnehmung ist dementsprechend plötzlich eine andere, der Schwerpunkt verschiebt sich. Es ist bereits eine große Herausforderung, mit diesen ständigen Veränderungen Schritt zu halten, woraus sich der große Bewegungsdrang erklärt. Junge Menschen im Wachstum müssen ihre körperlichen Verhältnisse ständig aufs Neue ausbalancieren und zu koordinieren lernen. Deswegen fällt es auch vielen Kindern schwer, ganz besonders, wenn sie in einem Wachstumsschub sind, über einen längeren Zeitraum still zu sitzen. Das Kind muss alles Neue integrieren und für sich ein neues Selbstverständnis finden.[64]

Ein wahrlich schlechter Zeitpunkt also, um den ganzen Tag auf einer Schulbank zu verbringen. Aber genauso sieht die Realität der meisten Kinder in dieser Lebensphase – zumindest in den Regelschulen – aus. Zu der fehlenden Bewegungsmöglichkeit, die für eine gesunde körperliche, aber auch kognitive und seelische Entwicklung von Kindern unabdingbar ist, kommen oft noch überhöhte Erwartungen hinzu. Kinder »müssen« plötzlich eine ganze Menge.

Ähnlich verhält es sich, wenn ein Kind in der »Wackelzahnpubertät« große Schwester oder großer Bruder wird. Über Nacht wird es in eine neue Rolle katapultiert und muss sich in Geduld, Rücksicht oder gar Vernunft üben. Auch in diesem Fall entstehen oft viele Konflikte, und die Eltern wundern sich über das veränderte Verhalten ihrer großen – tatsächlich jedoch nach wie vor noch sehr kleinen – Kinder.

Sowohl die Kinder als auch ihre Eltern stehen nicht selten unter enormem Druck und müssen sich plötzlich mit der Leistungsgesellschaft, der Schulpflicht und der Bewertung durch Dritte auseinandersetzen. LehrerInnen haben einen Lehrplan zu erfüllen und müssen gut 24 Kindern gleichzeitig »gerecht« werden. Druck erzeugt bekanntlich Gegendruck. Widerstand und Lernblockaden sind oft die Folgen.

Bereits im Kindergarten spüren Kinder diesen Druck. Das baldige Schulkind wird ständig mit dem vermeintlichen »Ernst des Lebens« konfrontiert. All das ist sehr aufregend, herausfordernd und nicht selten auch belastend für die gesamte Familie. Doch auch Kinder, die diesen äußeren Umständen nicht ausgesetzt sind, weil sie eine freie Schule besuchen oder ohne Schule frei lernen können, gelangen emotional in instabile Phasen.

Veränderungen gehören zwar zum Leben dazu und werden oft von Vorfreude begleitet, aber sie verunsichern auch und machen vor allem nicht selten eine gehörige Portion Angst. Nur ist es Kindern sehr oft gar nicht möglich, dies zu äußern. Und so erscheint es uns Erwachsenen, als würden sie aus dem Nichts heraus und ohne Grund wütend werden und vollkommen verzweifeln. Eltern reagieren darauf nicht selten mit Unverständnis und Überforderung, vor allem aber suchen sie oft nach Wegen, diese Ausbrüche möglichst schnell zu beenden, zweifeln an ihrem Weg, ihre Kinder zu begleiten oder aber vermuten, mit dem Kind sei etwas nicht in Ordnung. Veränderungen verunsichern eben auch erwachsene Menschen. Wie muss es da erst in den Kindern aussehen?

Kinder entwickeln sich in dieser Lebensphase auf allen Ebenen rasant, und manchmal sind sie mit all dem schlicht überfordert. Oft reicht eine scheinbare Lappalie für einen ausgewachsenen Wutausbruch. Viele Eltern fühlen sich dabei vollkommen ohnmächtig, da nichts ihre Kinder beruhigen kann. Sie weinen, schreien, attackieren andere, treten, werfen Dinge um sich, sagen, dass der Erwachsene verschwinden soll, um dann panisch zu schreien, dass dieser bleiben muss, was deutlich ihre innere Zerrissenheit zeigt.

Nichts scheint zu dem Kind durchzudringen. Im Grund ähnlich wie die Wutanfälle vieler zweijähriger Kinder, allerdings mit dem Unterschied, dass die Kinder sich nun auch ihrer Kraft und ihrer verbalen Fähigkeiten bedienen können. Außerdem ist spätestens hier bei vielen der »Welpenschutz« vorbei, was die Situation nicht einfacher macht. Zumal jetzt die Stimmen derjenigen laut werden, die meinen, man habe in der Autonomiephase die Chance verpasst, das Kind »ordentlich zu erziehen«.

Gerade mein sonst besonders kooperatives und entspanntes Kind durchlebte diese Phase ganz intensiv. Eine zu Beginn auch für mich als Mutter stark verunsichernde Erfahrung. Sich mit seiner und in der Folge auch mit meiner Wut zu beschäftigen, war ein wichtiger Schlüssel, um es hier begleiten zu können. Sehr hilfreich empfand ich auch die Auseinandersetzung mit »Power-Spielen« und dem »Original Play« von O. Fred Donaldson.[65]

Im Allgemeinen wissen wir nicht nur wenig über unsere eigenen Entwicklungsstufen, sondern auch über die Menschen in diesen Phasen. Das zeigen Begriffe wie »Trotzphase«, »Tyrannen« und das »faule Pubertier«, womit wir junge Menschen in diesen Phasen belegen. Zwischen dem zweiten und circa achten Lebensjahr erfahren Kinder ihre Emotionen sehr intensiv und leben diese oft impulsiv. Nichts anderes passiert in der **Pubertät.** Die jungen Menschen werden erneut mit sich, ihrer Autonomiebestrebung, dem Schutz ihrer Integrität und nun auch mit ihren sich hormonellen Veränderungen sowie ihren mitunter neuartigen Gefühlen konfrontiert. Wenn wir nun Druck aufbauen, bleibt ihnen nichts anderes übrig, als dagegen zu halten. Haben sie kein authentisches Gegenüber, geraten sie in ein Vakuum und suchen nach Wegen, dieses selbst zu füllen.

Ein dreizehnjähriger Schüler meines Portugiesisch-Kurses erklärte mir, nachdem er mehrfach zu spät zu unserer Lernverabredung erschienen war, wie schwer es ihm falle, nachts einzuschlafen, und wie fertig es ihn mache, dass seine Bemühungen, dennoch zum Kurs zu kommen, von uns Erwachsenen nicht gesehen wurden. Im ersten Moment konnte auch ich nur die unglaubliche Freiheit, Flexibilität und Möglichkeiten an unserer Schule sehen, doch bringt all das recht wenig, wenn ich nicht bereit bin, mich in Beziehung auf den Einzelnen einzulassen.

Es zeigte sich im gemeinsamen Gespräch, dass einige der Jugendlichen mit ähnlichen Problemen zu kämpfen hatten und ein späterer Startzeitpunkt des Kurses uns allen entgegenkommen würde.

Nicht immer sind solche Lösungen in komplexen schulischen Strukturen umsetzbar. Zumindest nicht sofort. Aber schon die Bereitschaft, sich damit zu befassen und den jungen Menschen jenseits unserer Vorurteile zu begegnen sowie ihnen einen Raum zu eröffnen, über ihre Belange zu sprechen, kann vieles entzerren und entkrampfen. Strafen hingegen hätten die Frustration, sich nicht gesehen zu fühlen, weiter verstärkt und die Kooperationsbereitschaft sowie die Lernmotivation im Keim erstickt.

In diesen drei wichtigen Lebensphasen im Leben eines Kindes entstehen viele Missverständnisse und mitunter gravierende Konflikte. Nicht nur zu Hause, sondern leider auch in der Kita und in der Schule. Doch diese Konflikte lassen sich vermeiden, wenn wir die Rechte von Kindern respektieren, Eltern in ihrer Rolle als empathische Begleiter ihrer Kinder gestärkt werden und wir beginnen, uns mit der natürlichen und artgerechten Entwicklung sowie mit den Bedürfnissen von Kindern auseinanderzusetzen. Es ist an der Zeit, dass junge Menschen den Respekt erfahren, der ihnen zusteht.

Keine halben Sachen mehr: Von der Methode zur Haltung

Auf Strafen zu verzichten bedeutet nicht, nichts zu tun. Eine Erwachsenen-Kind-Beziehung auf Augenhöhe ist keine antiautoritäre Erziehung und auch kein Laissez-faire. Letzteres ist in der Regel das Resultat von Überforderung, selten von Überzeugung. Ich erziehe meine Kinder nicht zu einer antiautoritären Haltung. Ich respektiere Autoritäten aufgrund ihrer Erfahrung, ihrer Kenntnisse oder ihres Charismas und bin sicherlich selbst eine solche Autorität für andere Menschen. Sei es im Privaten oder im Beruf. So werde ich täglich von vielen Menschen angeschrieben und nach meiner Meinung in Bezug auf ein gleichwürdiges Miteinander gefragt. Ich kann diese Macht missbrauchen oder mit ihr möglichst verantwortungsbewusst umgehen.

Eine gleichwürdige Beziehung und eine Begleitung von Kindern auf Augenhöhe bedingt ehrliches Interesse aneinander, Zuwendung und Achtsamkeit. Es geht nicht darum, das Kind sich selbst zu überlassen, sondern darum, dem Kind neugierig und offen zu begegnen und ihm Raum zu geben, um zu sein: *»Ich bin für dich da, mein Kind, und gestehe dir zu, über dich und dein Leben zu bestimmen. Ich begleite und unterstütze dich dabei, zeige mich und möchte dich kennenlernen.«* Das bedeutet In-Beziehung-Sein.

Es ist mir nicht egal, was mein Kind isst, was mein Kind anschaut, ob mein Kind genügend schläft und lernt oder ob es sich die Zähne putzt. Mir ist es auch nicht egal, ob es andere haut oder unhöflich zu ihnen ist. Mir sind diese Themen sogar sehr wichtig. Und gleichzeitig ist mir wichtig, dass die Integrität meiner Kinder gewahrt wird. Es ist kein »Entweder-Oder«, sondern ein »Sowohl-als-Auch«.

Ich frage mich also, wie ich dieses »Sowohl-als-Auch« leben, wie ich all das, was ich für wichtig erachte, »unden« kann. Ich benötige dafür keine Strafen, ja, nicht einmal Erziehung. Ich brauche Beziehung, getragen von einer zugewandten, neugierigen, von Liebe und Vertrauen statt von Angst geprägten Haltung. Gleichzeitig gibt es Dinge und Bereiche, die mich schlicht nichts angehen und in denen sich mein Einfluss auf mein Vorbild und meine authentische Rückmeldung beschränken muss, darf und soll.

Tatsächlich ist der Übergang zur Vernachlässigung manchmal fließend, weil Erwachsene schlicht erschöpft, ausgebrannt und überfordert sind. Weil sie keine Alternativen zu gewaltvollen Methoden kennen, vollkommen verunsichert sind und sich in der Folge immer weiter zurückziehen und der Beziehung entziehen. In gewissen Maßen gehört all das zu Veränderungsprozessen dazu, allerdings sind wir als erwachsene Menschen in der Verantwortung, unserem Familiensystem nur das zuzumuten, was es tragen kann. Wir sind in der Verantwortung notfalls Hilfe zu holen, wenn unser »System« zu kippen droht. Dies gilt auch für eine Schul- oder Klassengemeinschaft sowie für eine Kindergartengruppe.

Nur wir können für eine Entlastung und Veränderung der Situation sorgen – nur wir, nicht das Kind. Und wenn wir frustriert darüber sind, wie es gerade läuft, dann sollten wir genau hinschauen: Was brauche ich? Was braucht mein Kind? Und wie bekomme ich es hin, uns allen gerecht zu werden? Das funktioniert immer dann, wenn wir Bedürfnisse erkennen und den Rahmen danach gestalten. Und sei es, indem wir eben Hilfe annehmen!

Das Bild vom Kind

Viele Eltern wünschen sich – oft vollkommen unbewusst – »brave«, »wohlerzogene« Kinder, die das tun, was man ihnen sagt. Ein Wunsch, der getragen ist von Selbstzweifeln, Zweifeln an den eigenen Qualitäten als Eltern, Sorgen um den eingeschlagenen Weg in der Begleitung der eigenen Kinder, um die Beziehung zu den Kindern sowie um deren Entwicklung und Wohlergehen. Zugleich spielen Zukunftsängste sowie Angst vor der Bewertung durch andere – umso mehr, wenn diese einem nahestehen – eine Rolle. Und auch Zustände der Erschöpfung, Überforderung und Ohnmacht, die alle Eltern kennen, machen es nur allzu verständlich, dass Eltern auf »brave« Kinder hoffen.

Dieser Wunsch verrät aber vor allem auch, dass wir das Zusammenleben mit Kindern erst einmal lernen müssen, denn wir haben selten eine Ahnung davon, was es bedeutet, und wie Kinder überhaupt sind. Insbesondere dann nicht, wenn sie nicht durch Erziehung geformt, sondern in Beziehung begleitet werden.

Unsere Gesellschaft hat von vielen Dingen sehr konkrete Vorstellungen, so auch davon, wie ein »gelungenes« Kind zu sein hat. Es soll artig, folgsam, gehorsam und gesittet sein. So jedenfalls die Synonyme für »wohlerzogen« laut Duden. Ein solches Kind wirft ein gutes Licht auf die Eltern, denn offenbar wussten sie es zu erziehen. Und ich kann nicht leugnen, dass auch ich einst so gedacht habe. Bevor ich Mutter wurde und mich noch nicht mit diesen Themen befasst hatte, dachte ich, dass gute Eltern auch wohlerzogene Kinder haben. (Sie sehen: Auch ich bin das Kind einer kinderfeindlichen Umwelt und hatte offenbar – wie so viele von uns – komplett vergessen, wie es war, ein Kind zu sein.)

Es ist daher nicht besonders verwunderlich, dass Menschen auf Kinder, die einfach sein dürfen und dabei ihre Gefühle ausleben, vor allem aber auf die dazugehörigen Eltern zumindest mit Irritation reagieren. Dies erklärt vielleicht auch ein wenig, warum selbst heute noch renommierte Psychologen auf dem Bild des kleinen Tyrannen beharren oder warum Passagiere im Flugzeug oder im Bus völlig verständnislos reagieren, wenn ein Baby über ein paar Minuten hinweg weint. Oder warum wir uns so sehr schämen, wenn unsere kleinen Kinder in der Öffentlichkeit ihrer Wut und Frustration freien Lauf lassen, sich auf den Boden schmeißen und uns verbal oder körperlich abwehren; wenn einige Mitmenschen sich dann einen dummen Spruch nicht verkneifen können und kopfschüttelnd davonziehen.

Unsere starke Entfremdung von uns selbst erklärt vielleicht sogar, warum eine im öffentlichen Raum stillende Mutter immer wieder für kontroverse Diskussionen sorgen kann. Es wundert in dieser Hinsicht sicherlich niemanden mehr, warum Eltern, aber insbesondere Mütter, so oft von Selbstzweifeln und Ängsten geplagt werden.

Erinnert sich wirklich niemand mehr daran, wie es war, ein Kind zu sein? Wie hat es sich angefühlt? Wie fanden wir die Art und Weise, wie mit uns umgegangen wurde? Was waren damals unsere Wünsche und Träume, Ängste und Sorgen? Was hat gefehlt? Was haben wir vermisst? Was hätten wir gebraucht?

Stattdessen scheinen wir uns lediglich zu fragen: Was macht ein Kind aus? Wir entwickeln daraus eine Idee, und dieses Konstrukt erziehen wir dann. Es existiert nicht »das Kind« und auch nicht »der Erwachsene«, höchstens ein Prototyp voller Zuschreibungen, aus dem viele Vorurteile und Abwertungen erwachsen – die Grundlage für Adultismus.

Stereotype können sehr hilfreich sein und Orientierung geben. Sie reduzieren die enorme Komplexität unserer Welt, unserer Beziehungen und des Menschen an sich. Stereotype neigen jedoch auch dazu, Menschen nicht mehr als solche zu betrachten. Diese verlieren ihre Individualität zum »Wohle« der Gruppe und verschwinden in der Masse. Aus der kleinen Lisa, die einen schlechten Tag hatte, wird das Kind, das trotzig ist.

Die Grenze zwischen einem Stereotyp und einer abwertenden Zuschreibung, die letztlich zur Diskriminierung einer vermeintlichen Gruppe in ihrer Gänze führt, ist sehr fließend. Das ist für die meisten Kinder in unserer Welt gelebter Alltag und ich kenne persönlich niemanden, der sich von Adultismus freisprechen könnte. Umso wichtiger, dass wir diese Mechanismen klar benennen, uns ihrer bewusst werden und uns gegen sie positionieren.

Adultismus verhindert Offenheit und Neugier. Er behindert uns und lässt nicht zu, dass wir die kleine Lisa kennenlernen. Adultismus erlaubt uns nur, aus der kleinen Lisa ein »normales Kind« machen zu wollen. Normgerecht.

Doch Kinder sind einzigartig. Es gibt ruhigere und unruhigere Kinder, ihr Verhalten allein gibt nicht per se einen Hinweis darauf, wie sie durch ihre Eltern oder andere durchs Leben begleitet werden. Von dieser Angst können wir uns als Eltern, aber auch unsere Kinder befreien. Kinder erleben – wie jeder andere Mensch auch – die Vielfalt der Emotionen. Sie lernen diese gerade erst kennen und sind dabei, den »richtigen« Umgang mit ihnen zu erfahren. Unsere Aufgabe ist es einfach, sie zu lieben und ihnen einen geschützten Rahmen zur freien Entfaltung, zum *Sein* zu ermöglichen. Dazu gehört auch unser empathisches Vorbild.

Nicht nur Babys weinen und schreien, auch kleine und größere Kinder tun das. Nicht nur zweijährige Kinder schmeißen sich wütend auf den Boden, auch Fünfjährige werden von ihren Gefühlen übermannt oder bekommen Angst vor den eigenen Taten. Nicht nur Liebespartner schlafen nicht gerne allein, auch Kinder wünschen sich Nähe und Geborgenheit. Nicht nur Erwachsene haben schlechte Laune, sind kaputt und wollen mal in Ruhe gelassen werden, auch die Kleinsten unter uns haben mal einen schlechten Tag. Auch Kinder sind nur Menschen und funktionieren nicht!

Kinder sind wissbegierig und wollen von uns gesehen werden. Sie suchen Kontakt und brauchen das konstante Gefühl, wertvoll zu sein und geliebt zu werden. Professor Franz Ruppert sagte einmal zu mir: »Kinder gehen stets dahin, wo die Gefühle sind, denn nur da – im Gefühl – ist Verbindung möglich.« Deswegen zieht Stress sie förmlich an, und sie lassen sich wunderbar von uns anstecken, gerade dann, wenn es besonders dringend wäre, dass sie »einfach« funktionieren.

Wenn wir aber von ihnen verlangen, sich ständig ruhig zu verhalten, nichts anzufassen und am besten auch nicht zu weinen oder andere Gefühle zu zeigen, so haben wir vor allem eines: Kinder, die Angst davor haben, ihre Welt zu entdecken. Zu dieser Welt gehört nicht nur das im Außen sichtbare, sondern auch ihr Innenleben mit allen Gefühlen. Und diese Gefühle wollen begleitet und erhört werden. Sie zu unterdrücken – auf welche Art und Weise auch immer – schadet dem Kind.

Das Leben mit Kindern ist laut. Es liegt offenbar in ihrer Natur, laut und intensiv zu sein. Sie weinen, schreien, singen, stampfen, rennen, spielen, werfen, springen, reden und tanzen. Kinder sind nicht dazu gemacht, über Stunden still sitzen zu bleiben und artig, brav, folgsam, gehorsam und gesittet zu sein. Es liegt an uns, ihnen eine möglichst passende Umgebung zur Verfügung zu stellen und nicht an ihnen, sich uns und unserem Leben anzupassen!

Meine Kinder sind alles andere als gehorsam. Sie haben eine eigene Meinung, eigene Bedürfnisse und eigene Vorstellungen. Sie wollen ernst genommen werden und haben manchmal einfach keine Lust. Sie sind sehr oft kooperativ, aber auch mal frustriert und schlecht gelaunt. Sie schreien aus Freude und Trauer, sprechen ohne Punkt und Komma, streiten sich, hauen, beißen und ärgern einander. Sie stellen die Wohnung auf den Kopf und haben ganz offensichtlich eine ganz andere Vorstellung von Ästhetik und Ordnung als ich. Und manchmal finde ich ihr Verhalten unmöglich, will im Erdboden versinken und bete darum, dass sie doch einfach nur das eine Mal auf mich hören mögen!

Nein, ich habe meine Kinder nicht im Griff, doch ich habe dabei weder als Mutter versagt, noch sind meine Kinder, so wie sie sind, schwierig oder in irgendeiner Weise nicht in Ordnung. Sie sind jung und noch dazu wundervolle Menschen. Als Mutter gerate aber auch ich immer wieder an meine Grenzen, bin überfragt und überfordert von neuen Situationen und muss mich in sie erst einmal wieder neu »einarbeiten« und sie verstehen lernen. Auch ich verliere die Geduld und falle in alte Erziehungsmuster zurück. Ja, das Leben ist ständig im Wandel und bietet damit immer wieder neue Herausforderungen, aber auch Übungsgelegenheiten im täglichen Miteinander als Familie.

Deswegen ist mir die Unterscheidung zwischen Haltung und Methode sehr wichtig. Es geht nicht darum, eine To-do-Liste abzuarbeiten, um so zu einem perfekten Ergebnis zu gelangen. Beziehung, Liebe, innere Arbeit – all das geschieht im Miteinander und im Lernen voneinander. Und dazu gehören auch Rückschläge und Umwege. Also werden wir auf der Suche nach persönlicher Entwicklung immer wieder Dinge tun und meinen, die unserer Haltung eigentlich nicht zuträglich sind. Fehler gehören zum Menschsein dazu.

Veränderungsprozesse verstehen

Ein Paradigmenwechsel in der Erwachsenen-Kind-Beziehung und im Arbeiten und Leben mit Kindern vollzieht sich nicht über Nacht. Wenn wir über Erziehung sprechen, haben wir in der Regel zwei gegensätzliche Pole der Eltern-Kind-Beziehung im Sinn:

1. Die autoritäre Erziehung: Das Kind lebt in einem Abhängigkeitsverhältnis, in dem Gehorsam die oberste Maxime ist. Rigidität und starre Grenzen sichern hierbei die Autorität der Eltern.
2. Die antiautoritäre Erziehung: Das Kind erlebt Gleichgültigkeit durch seine Hauptbezugspersonen. Diese sind am Ende der eigenen Kraft oder von einer umgangssprachlich als »Laisser-faire«-Erziehung bezeichneten Eltern-Kind-Beziehung überzeugt.

In beiden Fällen, ob autoritär oder antiautoritär, ist keine Beziehung möglich. Dazwischen sind zahlreiche Nuancen von Erziehung denkbar. Doch erst, wenn Erziehung gänzlich wegfällt, ist Beziehung – gekennzeichnet durch Gleichwertigkeit und Gleichwürdigkeit – lebbar. Kinder und Erwachsene sind dabei dennoch nicht gleich. Bei einer Erwachsenen-Kind-Beziehung auf Augenhöhe ist sich der Erwachsene seiner Macht bewusst und bleibt in der Verantwortung, Lösungen in Konfliktsituationen zu ermöglichen, die für beide passend sind. Grenzen werden nicht künstlich kreiert, sondern der Umgang mit den tatsächlich vorhandenen begleitet. Flexibilität und Klarheit werden nicht als Gegensätze, sondern als sich bedingende Eigenschaften und Haltungen gesehen.

Für einen solchen maßgeblichen Paradigmenwechsel werden verschiedene Eigenschaften und Fähigkeiten auf vier unterschiedlichen Ebenen gebraucht:

1. Bewusstsein und Reflexion: Was ist Erziehung? Wie prägt und konditioniert sie uns? Ist Erziehung ein Denksystem? Was sind Strafen und welche Rolle spielen diese in der Erziehung? Welche Ziele liegen ihr zugrunde?
2. Wissen: Entwicklungspsychologie, Hintergründe der eigenen Erziehungskultur, Bindungstheorie etc.
3. Haltung: Offenheit, Neugier, Akzeptanz, Empathie, Ambiguitätstoleranz etc.
4. Fertigkeiten: Aktives Zuhören, Präsenz, eigenes Verhalten transparent machen, Verhalten nicht verurteilen …

Während eine Veränderung zu Beginn meist euphorisch begrüßt wird, kommt es im Verlauf des Lernprozesses oft zu einer starken Verunsicherung bis hin zu einer für das Vorhaben existenziellen Krise. Schafft man es, diese zu überwinden, kann ein Ankommen gelingen.[66]

Die Euphorie ist die Zeit des Beobachtens und der neugierigen Auseinandersetzung. Alles wirkt neu, spannend und aufregend. Wenn unsere oft überhöhten Erwartungen jedoch nicht erfüllt werden, entwickeln wir schnell ein Gefühl der Ablehnung. Viele Eltern beginnen zum Beispiel damit, ihren Kindern im Umgang mit digitalen Medien mehr Freiheiten zu ermöglichen und sind schnell enttäuscht, wenn die Kinder sich nicht selbst so regulieren, wie die Erwachsenen es für gesund erachten. Selbstregulation ist jedoch ein individueller Prozess und richtet sich nicht nach dem Maßstab anderer. Wenn ich meine Erwartung und Vorstellung darüber, wie lange meine Kinder mit digitalen Endgeräten spielen sollten, nicht ablegen kann, werde ich vermutlich enttäuscht werden und unserer Beziehung eher schaden. Auch unausgesprochene Erwartungen üben Druck aus und lassen keine freie Entscheidung zu. Die Angst, die neu gewonnene Freiheit gleich wieder zu verlieren, lässt die Kinder zusätzlich in Exzesse verfallen. Um ins Vertrauen zu kommen, brauchen sie das Vertrauen ihrer Eltern.

In der Transformation hin zu einer gleichwürdigen Eltern-Kind-Beziehung hat der Erwachsene in dieser zweiten Phase des Prozesses oft ein Gefühl von »mir ist hier irgendwie alles suspekt und fremd«. Ohnmachtsgefühle – der Erwachsene fühlt sich so wirkungslos – und Stress, verursacht durch die Überschreitung der eigenen »Lernzone«, verstärken eine ablehnende Haltung und führen gelegentlich zur Glorifizierung der alten Pfade. Veränderungen gehen häufig mit Krisen einher. Es braucht immer ein Loslassen, um Neues empfangen zu können. Schieflagen gehören zum Lernprozess dazu!

Wenn wir dem Neuen mit interessierter Offenheit begegnen und die eigenen Unsicherheiten ernst nehmen und nicht unterdrücken, sondern bewusst damit umgehen, lassen sich solche Phasen gut aushalten und abschwächen. Wenn wir es schaffen, den sogenannten »Kulturschock« zu überwinden, dann kann ein Paradigmenwechsel gelingen. In dieser Phase wechseln sich Frust und Erfolgserlebnisse ständig ab, aber diese »Auf und Abs« fallen im Laufe der Zeit nicht mehr so extrem aus. Die Tendenz geht eindeutig aufwärts und wir kommen langsam in unserer inneren Klarheit an.

Auf alte Erziehungsmuster zu verzichten, ist nicht immer einfach. Schließlich wurden wir einst danach erzogen. Viele Menschen um uns herum erziehen noch immer sehr klassisch. Schwarze Pädagogik ist überall, auch wenn ihr Gewand neu erscheint. Sie ist in uns und um uns. Wie sollte es da einfach sein, auf sie zu verzichten? Ein Paradigmenwechsel in der Erwachsenen-Kind-Beziehung ist für den Einzelnen ein lebenslanger Lernprozess.

Ein anstrengender Prozess, bei dem wir unsere Komfortzone verlassen und uns teilweise ganz schön strecken müssen. Vor allem aber müssen wir Vertrautes hinter uns lassen, um so Raum für Neues zu schaffen, auch wenn wir noch keine echte Vorstellung davon haben, wie die konkrete Umsetzung dieses Neuen letztlich »funktionieren« könnte. Genau das macht Angst, verunsichert und ruft Widerstand hervor.

Nicht nur bei uns selbst, sondern auch in unserem Umfeld werden Ängste und Widerstände sichtbar. Unser beziehungsorientierter Umgang mit Kindern konfrontiert auch andere mit ihrem bewussten oder unbewussten Schmerz. Viele fühlen sich kritisiert, andere inspiriert. Manch einer sieht die Bedrohung, einige die Chance.

Es ergibt keinen Sinn, Ängste zu verdrängen oder zu ignorieren. Nicht bei uns und nicht bei anderen. Die Antwort auf Angst können nur Empathie und Aufklärung sein. Der Weg fort von der Angst hin zu Vertrauen und Liebe führt über Bewusstsein und Annahme. Der Weg ist das Ziel.

Wenn wir auf Strafen und all ihre Mechanismen verzichten, können wir nicht erwarten, dass wir die altbekannten Ziele dennoch erreichen. Tatsächlich bedeutet es, auf Ziele wie Gehorsam zu verzichten. Aber wir können für uns selbst andere Ziele setzen. Diese können allerdings kein Endprodukt beinhalten, wie beispielsweise ein wohlerzogenes Kind oder einen erfolgreichen Erwachsenen, sondern nur den eigenen Weg beschreiben, damit wir als Eltern so sein können, wie wir sein wollen. Zum Beispiel zugewandt, präsent und authentisch, weil wir uns wünschen, unseren Kindern auf diesem Weg zeigen zu können, dass sie sich auf uns verlassen und uns vertrauen können.

Veränderungsprozesse sind bereits für sich genommen verunsichernd, anstrengend und komplex genug. Eingebunden in zwischenmenschliche Beziehungen werden sie mitunter ganz schön kompliziert, und nicht selten verliert der eine oder andere auf dem Weg die Orientierung. Sie bergen die Chance, Systeme zu transformieren, und zugleich das Risiko, sich zu überfordern oder in eine Krise zu geraten, bei der scheinbar alles aus den Fugen gerät.

Diese Angst hindert viele Menschen daran, sich auf den Weg zu machen. Und so kann die Vorstellung entstehen, dieses Neue sei eine Utopie. Das kann sowohl idealisierend als auch abwertend gemeint sein, wenn beispielsweise der Vorwurf aufkommt, in dieser neuen Eltern-Kind-Beziehung würde Kindern die »echte« Welt vorenthalten. Doch auch solche Widerstände sind normal.

Durch Zwang, Unterdrückung und Strafen haben wir die Fähigkeit, uns selbst wahrzunehmen, verloren. Wir wissen oft nicht, wer wir sind, was wir wollen oder können. Ist es da nicht naheliegend, dass es alles andere als einfach ist, selbst auf erzieherische Methoden wie Strafen zu verzichten und wahrhaftig auf unsere Kinder einzugehen? Und ist es nicht gleichzeitig Grund genug, unseren Kindern genau das zu ersparen und es – eben aus der eigenen Erfahrung heraus – anders zu machen? Nicht, weil unsere Eltern schlechte Eltern waren und alles falsch machten, sondern weil wir uns heute dieser Fragestellung widmen können und Strafen uns eben nicht stark gemacht oder auf das Leben vorbereitet haben.

Der Weg zurück zu uns selbst »kostet« uns viel und lohnt sich dennoch. Um zu erfahren, wer ich bin, habe ich viel Zeit, Kraft und nicht zuletzt auch eine ganze Menge Geld investiert. Ich musste verlernen, was ich in all den Jahren zuvor über mich und das Sein-Sollen verinnerlicht hatte, um so tatsächlich *mich* kennenlernen zu können. Beinahe täglich staune ich über neue Erkenntnisse über mich selbst. Meine Kinder waren und sind mir dabei eine große Hilfe. Ihre Bedürfnisse, Wünsche, Stimmungen – ihr ganzes Sein konfrontiert mich täglich mit meinen Themen, den aktuellen und verdrängten. Mit neuen bewussten und unbewussten Überzeugungen sowie mit lange anerzogenen. Meine Kinder bringen alles an die Oberfläche. Und ja, das ist anstrengend und alles andere als einfach.

Raus aus der Opferrolle und hinein in die Verantwortung!

Ich erlebe immer wieder Eltern, die sich als Opfer ihrer Kinder wahrnehmen. Sie sind völlig verzweifelt und überfordert und wissen nicht, wie sie mit ihrem Kind zurechtkommen sollen, das haut, beißt, die Geschwister malträtiert, die Eltern im Befehlston anspricht, immer wieder Wutanfälle bekommt und gegen alles und jeden zu rebellieren scheint.

Viele Eltern fühlen sich in solch einer Situation als Versager, unfähig ihre Kinder zu begleiten, sie zweifeln an einem bedürfnisorientierten Weg und beschuldigen sich gegenseitig. Oder aber sie befürchten, mit ihrem Kind sei irgendetwas nicht in Ordnung und sie als Eltern ganz besonders gestraft.

Ich streite nicht ab, dass die Begleitung von Kindern eine große Herausforderung ist und verdammt anstrengend noch dazu. Ich gerate häufig an meine Grenzen. Zum Glück sind diese dehnbar und wir Menschen lernfähig. Wir allein entscheiden darüber, ob wir uns – aus unserer privilegierten Position heraus – als Opfer fühlen. Allzu leicht jedoch lassen uns unsere Gedanken, unsere Urteile und Beschuldigungen in die Falle der »Opfer-Falle« hineintappen. »Das tyrannische Kind«, »die blöde Schwiegermutter«, »der gemeine Ehemann«, »der ausbeuterische Arbeitgeber«, die Unternehmenskultur, die Gesellschaft, die Politik ... sie alle sind schuld an unserem Schicksal und an unserem Leid. So lautet unser ganz persönlicher Film, wenn wir in der Opferrolle gefangen sind.

Wir geben dabei unsere Macht ab. An die Umstände, an die vermeintlichen Täter. Wir entmachten uns selbst und werden erst dadurch zu Opfern. Unser Leid entsteht, weil wir keine Alternativen sehen, weil wir denken, keine zu haben. Die destruktiven und limitierenden Gedanken nehmen immer mehr Raum ein: *»Ich würde so gerne, aber ich kann ja nicht …«* oder: *»Ständig gibt es Konflikte, obwohl ich alles gebe!«*. Verzweiflung, Überforderung und Hilflosigkeit machen sich breit.

Wenn wir uns in der Beziehung zu unserem Kind die Opferrolle zuweisen, entziehen wir uns unserer Verantwortung und machen unser Kind zum Täter. So setzen wir uns selbst Grenzen, vergiften dabei unsere Beziehung zum Kind und schaden ihm nachhaltig.

Es ist einfach, sich in die Opferrolle zu begeben und es uns dort bequem zu machen. Wir können uns in unser angebliches Schicksal fügen und die Verantwortung allen anderen überlassen. Gerade wenn wir uns über unsere Kinder beschweren, bekommen wir schnell Zustimmung, werden bemitleidet und sogar getröstet. Wir dürsten nach Zuwendung und Zugehörigkeit, danach, gesehen zu werden. Schließlich ist geteiltes Leid halbes Leid.

Leiden ist in der hiesigen Gesellschaft anerkannt. Wir fühlen uns moralisch erhaben, wenn wir von den Gemeinheiten der *trotzigen*, *faulen* und *frechen* Kinder sprechen. Wir gehören dann automatisch zu den Guten, die »Bösen« sind die Kinder. Und so scheint unser erzieherisches, grenzüberschreitendes und strafendes Gebaren gerechtfertigt.

Es ist immer leichter, den Fehler beim anderen zu suchen. Es entbindet uns von der Auseinandersetzung mit uns selbst. Und wir können eine Wiedergutmachung vom anderen erwarten.

Dennoch sind wir nicht glücklich, wir leiden weiter. Ja, es führt keinen Weg am Ausstieg vorbei: Raus aus der Opferrolle und hinein in die Verantwortung!

In Beziehung zu leben bedeutet nicht, in ständiger Harmonie zu leben. Zwischenmenschliche Beziehungen erzeugen Reibung. Daran kann man wachsen. Beziehungen sind nicht immer eine Freude und müssen ständig neu erprobt werden. Gerade in solch einem anspruchsvollen Job wie der Begleitung von Kindern. Fühle dich ein, wenn dir wieder alles zu viel wird, die Welt dir gemein erscheint und du lauter urteilende Gedanken hast. Bewusstsein zu schaffen entlastet, mindert den Druck und erlaubt dir, dich im Annehmen dessen, was nun einmal ist, zu üben.

Unsere Gefühle weisen uns auf unsere Bedürfnisse hin. Es ist wichtig, diese zu erkennen. Nur so kann Selbstfürsorge gelingen. Wenn du hungrig bist, dann will dir dein Körper sagen, dass du ein Bedürfnis nach Nahrung hast und essen sollst. Wenn du dich erschöpft, müde und gereizt fühlst, dann will dir dein Körper zeigen, dass du Ruhe brauchst. Gefühle wollen gelebt werden.

Gesehen, ernst und angenommen werden sind wichtige Bedürfnisse aller Menschen. Ihre Erfüllung ermöglicht es uns überhaupt erst, zuzuhören und empathisch zu sein. Das gilt für alle Menschen, also auch für Erwachsene. Nur sind Kinder nicht für die Erfüllung der Bedürfnisse der Erwachsenen zuständig.

Wer aus der Opferrolle aussteigen möchte, muss das eigene Selbstwertgefühl stärken, an seiner psychischen Widerstandsfähigkeit arbeiten, für sich sorgen und sich selbst kennenlernen. Was kann dir helfen, geduldiger, neugieriger, empathischer, wohlwollender, strapazierfähiger und flexibler zu werden? Was kannst du für dich tun, sodass du für dein Kind da sein kannst? Was kann dich entlasten?

Wenn wir uns selbst wertschätzen, lieben und wahrnehmen, sind wir nicht mehr darauf angewiesen, dass andere es für uns übernehmen. Wir werden unabhängig und frei. Das ermöglicht uns, »selbstwirksam« zu werden und aus der Opferrolle auszusteigen. Das bedeutet, für sich und sein Leben Verantwortung zu übernehmen. Die Antworten liegen allesamt in uns, nicht in unserem Kind oder jemandem sonst.

Das Konzept von Schuld müssen wir über Bord werfen, um Verantwortung zu übernehmen. Es gibt keinen Schuldigen. Es gibt Auslöser und Ursachen von Gefühlen. Der Auslöser kann das Verhalten unseres Kindes sein, aber die Ursachen stecken immer in uns.

Schuld ist ein destruktives Konstrukt, es entfernt uns von unserem Ziel und lässt keine Verbindung zu. Oder wie geht es dir, wenn du verurteilt und in eine Schublade gesteckt wirst? Wenn dir ein Fehler, eine Schwäche oder eine fehlende Fähigkeit ständig unter die Nase gerieben werden?

Schuldzuweisungen hindern uns daran, Probleme konstruktiv und nachhaltig zu lösen. Vielleicht erreichen wir kurzfristig unser Ziel und unser Kind tut das, was wir wollen. Die dahinterliegende Motivation ist allerdings Angst, Scham oder eben Schuld. Die Empathie, die wir suchen, kann nur durch Empathie gesät werden.

Erwachsene setzen keine Grenzen, Grenzen sind da

In beinahe jedem Erziehungsratgeber fällt der Satz »Kinder brauchen Grenzen«. Die Angst, dass Kinder ohne Grenzen zu respektlosen oder gar kriminellen Erwachsenen werden oder nicht auf Lehrer oder Vorgesetzte hören können, ist noch immer sehr gegenwärtig. Auf der einen Seite ist da wieder einmal das Bild des respektlosen Tyrannen. Das Kind, das gezähmt werden muss und lernen soll, sich zu fügen. Erziehung als unumstößliche Bedingung, um den Menschen in die richtige Richtung zu lenken und zum Guten hin zu formen. Auf der anderen Seite steht die Unsicherheit darüber, was Grenzen denn nun sind.

Ich möchte gerne mit einem Missverständnis aufräumen: Auch Kinder, die ohne Strafen aufwachsen, spüren Grenzen. Wir alle spüren diese jeden einzelnen Tag. Grenzen sind überall da, wo andere Lebewesen sind. Wir müssen keine zusätzlichen Grenzen kreieren, um unsere Kinder unter Kontrolle zu halten.

Ich habe drei Kinder. Drei junge Menschen mit unterschiedlichen Bedürfnissen, Wünschen und Gefühlen. Zu unserer Familie gehört neben mir ein zweiter Erwachsener, mein Mann, und auch wir haben Bedürfnisse und zahlreiche Wünsche. Wenn wir zusammen einkaufen gehen, kann es passieren, dass die Kinder sich etwas aussuchen möchten, das das vorhandene Budget übersteigt. Unsere vorhandenen Mittel sind begrenzt. Eine reale und nicht willkürlich gesetzte Grenze. Also sage ich meinen Kindern:

»Es tut mir leid, aber leider reicht es dafür (diesmal) nicht.«

Das Geld dafür ist nicht vorhanden. Es ist nicht möglich. Und genau da ist der Unterschied zu:

»Du kannst nicht alles haben.«

Ja, warum denn eigentlich nicht? Weil ich es sage? Weil man sagt, dass es nicht gut ist, wenn Kinder alles bekommen? Weil Kinder lernen müssen, mit Frustration umzugehen? Wirklich?

Meine Kinder reagieren auf reale oder natürliche Grenzen auch manchmal mit Frust. Ich als Erwachsene übrigens ebenfalls. Doch habe ich im Laufe der Zeit gelernt, immer besser damit umzugehen. Und genau da sind wir gefragt: Als Eltern, die ihren Kindern helfen, mit ihren Gefühlen umzugehen.

Wenn ich auf die Frustration meiner Kinder methodisch, erzieherisch oder gar aggressiv und strafend reagiere, haben wir alle nichts gewonnen. Ich nehme mir die Chance, die Gefühlswelt meiner Kinder kennenzulernen und entziehe ihnen die Chance, alternative Strategien im Umgang mit Frust zu erfahren. In solchen Situationen ist, wie so oft, vor allem Empathie nötig. Kinder wollen gesehen und mit ihren Gefühlen angenommen werden. So lernen sie, mit realen Grenzen und dem daraus resultierenden Frust umzugehen.

Manchmal übertreten Kinder bewusst oder unbewusst die körperlichen Grenzen anderer. Gerade unter Geschwistern ist körperlicher Streit ein Dauerthema. Kleine Kinder kommunizieren auch gerne nonverbal oder reagieren aggressiv auf Frust. Und wir arbeiten dann gern mit Strafen aller Art:

»Man darf nicht hauen.«
»Das macht man nicht.«
»Spätestens hier ist eine Grenze erreicht!«

Es gibt verschiedene Gründe, warum ein Kind haut. Entweder hat es noch keine anderen Kommunikationswege im Repertoire oder es ist frustriert, wütend und mit seinen Gefühlen überfordert. Womöglich versucht das Kind auch schlicht, die eigene Integrität zu wahren. Es will uns etwas sagen, und es ist unsere Aufgabe hinzusehen. Auch hier führt der Weg über Empathie und den Willen zu verstehen. Und dennoch dürfen, sollten und müssen auch wir unsere Grenzen wahren:

»Das tut mir weh. Ich will das nicht.«

Wenn unsere Kinder die Grenzen Dritter übertreten, sind wir gefragt zu unterstützen und andere zu schützen. Jedoch ohne unser Kind zu diskreditieren. Das bedeutet vielleicht, eine Zeit lang besonders aufmerksam zu interagieren, zu begleiten, zu übersetzen und zu vermitteln. Genau das ist unser Job, auch dann, wenn der überforderte Dritte bereits erwachsen ist. Wir können vermitteln und Lösungen anbieten.

In der Kita lernten meine Kinder, »Stopp« zu sagen und die Hand dabei auszustrecken, wenn ihnen jemanden zu nahe kam oder sie sich bedrängt fühlten. Es passiert schon mal beim Spielen, Kämpfen oder Kitzeln, dass wir gegenseitig unsere Grenzen übertreten. Dann rufen sie mir ein lautes *»Stopp«* oder ein *»Ich will das nicht (mehr)«* entgegen. Und ich respektiere es und zeige ihnen damit: Ihr Körper, ihre Regeln und Grenzen. Mein Körper, meine Regeln und Grenzen. Wir schützen uns ohne Willkür, denn meine körperliche Grenze muss nicht dieselbe Grenze für jemand anderen sein. Was mich heute unter Stress versetzt, kann morgen großen Spaß bereiten.

Ein Blick in andere Kulturen verrät, wie unterschiedlich das Empfinden von Grenzen, auch körperlicher Natur, sein kann. Zum Beispiel kann das Verständnis von angemessener Nähe und Distanz viele Missverständnisse aufwerfen. Während man sich in Deutschland zur Begrüßung die Hand reicht, gibt man sich in Brasilien links und rechts ein Küsschen auf die Wangen, wohingegen in anderen Kulturen Berührungen gar nicht gern gesehen sind. Grenzen sind immer sehr individuell und häufig situationsabhängig. Zu den persönlichen Empfindungen kommen sozialisierte Verhaltensweisen hinzu, und diese sind immer eine kritische Betrachtung wert.

Das gilt auch für andere Bereiche, in denen schnell die »Grenzkarte« gezogen wird. So wird gerne bei Bildschirmmedien, Spielen mit Lebensmitteln, Körperhygiene, Schlafenszeiten oder Süßigkeiten mit »der persönlichen Grenze« argumentiert. Grenze wird dann oft zur Legitimation für Erziehung, Kontrolle und Fremdbestimmung.

Kinder brauchen Empathie, Beziehung, Zuwendung, Interesse, Verbindung, Orientierung, Zuverlässigkeit, authentische Menschen, Begleitung und vieles mehr. Sicher jedoch keine willkürlich gesetzten Grenzen. Kein Mensch braucht solche Grenzen. Das Leben begrenzt uns von ganz allein.

»Unden« statt Symptombehandlung

Es gibt vielfältige beziehungs- und bedürfnisorientierte Möglichkeiten, um Kinder im Leben zu begleiten. In Beziehung zu sein bedeutet, sich auf das Gegenüber einzulassen. Es ist der Wille, die andere Person wahrhaftig kennenzulernen und auch sich selbst dem Anderen vorzustellen. Beziehungen sind keine Einbahnstraßen. Es geht um alle daran beteiligten Individuen. Kinder wollen ihre Eltern und später auch andere Menschen in ihrem Leben kennenlernen, sie suchen ständig nach dem Menschen hinter der Rolle. Nicht selten wird diese Suche mit einer Suche nach Grenzen verwechselt und mit eben diesen beantwortet. Dabei suchen Kinder Verbindung und keine Trennung.

Menschen, die wir lieben, schützen wir. Wir wollen, dass es ihnen gut geht. Wir schützen unsere Kinder und begleiten sie gewaltfrei. Ohne Zwang und Strafen. Aber mit Wertschätzung, in Liebe, Respekt und Beziehung. All das gehört und geht nur zusammen.

Liebe ist bedingungslos. Bedingungslosigkeit jedoch bedeutet zwei Dinge: Annehmen und Loslassen. Annehmen, wie unsere Kinder sind, sowie Loslassen von liebgewonnenen und altbewährten Strategien, Handlungsmustern und Glaubenssätzen, die unsere Beziehungen bislang prägten und unser Verhalten leiteten. Erst dann können wir unsere Kinder in Liebe auf Augenhöhe begleiten.

Wir neigen dazu, die Menschen, die uns am nächsten stehen, zur Erfüllung unserer Bedürfnisse zu »benutzen«. Das beruht in der Regel auf Gegenseitigkeit und ist durchaus auch der Sinn von Beziehung und Verbindung. Viele Bedürfnisse finden nur im Miteinander ihre Befriedigung, denn wir Menschen sind soziale Wesen. Es ist jedoch wichtig, dass wir uns dessen bewusst sind, damit wir unsere Bedürfnisse nicht auf Kosten derer erfüllen, die wir lieben, sondern damit wir nach Wegen suchen, die ein Erfüllen der Bedürfnisse *aller* Beteiligten ermöglichen. Das gilt insbesondere dann, wenn wir in der alleinigen Verantwortung für die Beziehungsqualität stehen oder aber, wenn unser Gegenüber sich in einer Abhängigkeitsbeziehung zu uns befindet, wie das in der Erwachsenen-Kind-Beziehung, aber auch beispielsweise in zahlreichen Arbeitsbeziehungen, der Fall ist.

Wir neigen dazu, Dinge zu tun, die vermeintlich dem Wohl des anderen dienen, letztlich jedoch auf die Erfüllung unserer eigenen Bedürfnisse abzielen und die Freiheit unserer Lieben mitunter massiv einschränken. Es ist dabei wichtig, zu verstehen, dass Konflikte zwar immer auch etwas mit Bedürfnissen zu tun haben, Bedürfnisse jedoch nie in Konflikt zueinanderstehen. Es sind nicht unsere Bedürfnisse, sondern unsere Strategien, die sich häufig nicht in Einklang miteinander bringen lassen. Die uns daran hindern, einen Weg der Verbindung zu finden und Konflikte auf einer Art und Weise zu lösen, die unsere Beziehung zueinander bereichert.[67] Sind wir uns bewusst, worum es dem anderen geht, können wir uns in der Regel sehr leicht in ihn einfühlen, da wir dieselben Bedürfnisse in uns tragen. Meist jedoch denken wir strategisch und haben nur einen Weg vor Augen, wie ein Bedürfnis zu erfüllen ist. Nehmen wir hierfür ein Beispiel:

Nach einem langen Tag sind wir müde, wollen unsere Ruhe und einfach nur noch Feierabend haben. In vielen Familien in unserer Gesellschaft ist die meistverbreitete Strategie in dieser Situation, die Kinder möglichst bald ins Bett zu bringen, damit die Erwachsenen zur Ruhe kommen können. Alternativ werden die Kinder gebeten, sich im eigenen Zimmer leise zu verhalten. Dies kann zu Konflikten führen, wenn die Bedürfnisse der Kinder dabei unerfüllt bleiben, weil sie zum Beispiel noch eine Menge Energie haben und Unterhaltung wollen oder aber Nähe und Begleitung benötigen.

Beharren wir auf unserer Strategie, bleibt das Bedürfnis des Kindes ungesehen und unberücksichtigt. Das führt früher oder später zu Konflikten, auch wenn sie sich zunächst nicht offen zeigen. In einer solchen Situation ist es sinnvoll, den Konflikt, der immer wieder auftreten wird, auf die Meta-Ebene zu heben und sich nicht nur mit der einzelnen Situation, sondern mit dem gesamten Lebenskontext auseinanderzusetzen.

Dasselbe gilt jedoch auch für den umgekehrten Fall, nämlich dann, wenn wir Eltern unser Bedürfnis nach Ruhe übergehen und uns in der Folge am Abend ständig unwohl fühlen. Früher oder später wird sich auch dieser Konflikt Bahn brechen und Einfluss auf unsere Beziehungsqualität nehmen.

Es ist also wichtig, dass wir die Bedürfnisse aller berücksichtigen und hierfür kreative Lösungen finden. Werden wir uns der Bedürfnisse erst einmal bewusst, sind wir auch in der Lage neue Strategien zu finden, die allen gerecht werden. Dafür müssen wir allerdings bereit sein, altbewährte Pfade zu hinterfragen und gegebenenfalls zu verlassen.

So könnte im genannten Beispiel das Familienbett ein kreativer Weg des »Sowohl-als-Auch«, des »Undens« der Bedürfnisse nach Ruhe (bei den Eltern) und Nähe (bei den Kindern) sein. Auch ein gemeinsamer Film oder ein Buch, das vorgelesen wird, könnten diesen Zweck erfüllen.

Womöglich lassen sich die Bedürfnisse jedoch zu einem anderen Zeitpunkt des Tages schon »unden«, nämlich indem wir uns die kompletten 24 Stunden anschauen, die uns zur Verfügung stehen. So könnten wir Erwachsenen die Mittagspause eines Arbeitstags oder ein konzentriertes Spiel des Kindes zum Meditieren oder für Sport nutzen und so etwas Gutes für uns tun. In diesem Fall stehen uns am Abend genügend Ressourcen zur Verfügung, um auf unser Kind einzugehen. Oder aber wir gestalten die gemeinsame Zeit mit dem Kind tagsüber anders und gehen in ihr intensiv auf die Bedürfnisse des Kindes ein. Damit sind die Bedürfnisse des Kindes soweit erfüllt, dass es am Abend ohne eine Mangelerfahrung mit sich allein sein kann.

Hier gibt es weder eine konkrete Methode »X« noch die »Top-Strategie«. Es geht einzig darum ganz individuell die eigene Situation und die eigenen Möglichkeiten zu betrachten und nach ganz persönlichen Lösungen des »Undens« zu suchen.

Wenn wir uns unseres eigenen Konfliktverhaltens bewusst sind, ist es uns möglich, Konflikte aus verschiedenen Perspektiven zu betrachten und auf diese Weise eine wohlwollende und empathische Haltung unserem Kind/unserem Partner gegenüber einzunehmen. Das Konfliktverhalten des Gegenübers wird im Zusammenspiel mit meinem eigenen Wirken deutlich. Und so wird der Weg frei zu mehr Selbstwirksamkeit in herausfordernden Situationen, da wir in die Lage versetzt werden, unseren Anteil am Geschehen zu erkennen. Die damit einhergehende Übernahme von Verantwortung öffnet uns den Weg, nicht das Verhalten in den Fokus zu stellen, sondern auf die Bedürfnisse zu achten, wodurch wir zu den eigentlichen Ursachen von Konflikten gelangen.

Ist uns erst einmal das Vorhandensein von Bedürfnissen bewusst, kann uns ein »Unden«, ein »Sowohl-als-Auch«, gelingen. Sowohl deine Bedürfnisse als auch meine Bedürfnisse werden berücksichtigt. Sowohl du als auch ich sind wertvoll. Es ist also ein »du UND ich«, durch das Beziehung zueinander maßgeblich gestärkt wird, da alle sich gesehen fühlen.

Werde also kreativ und suche Ideen und Lösungen für Konflikte in deiner Familie, deiner Schul- oder Kitagemeinschaft, ob mit einem Kind, zwischen den Kindern oder aber auch mit deinem Partner, deiner Partnerin oder KollegInnen. Bilde Hypothesen, brainstorme dazu; allein, mit Freunden oder gemeinsam mit den Betroffenen.

Sucht gemeinsam nach Lösungen, die zu eurer Realität passen, die euren individuellen Möglichkeiten entsprechen und eure Bedürfnisse in den Fokus stellen. Diese Lösungen bringen eure Konflikte auf einen beziehungsorientierten Weg und stärken eure Bindung aneinander nachhaltig.

Innerhalb einer Familie lässt sich diese Art der Konfliktlösung sehr leicht und schnell umsetzen, im institutionellen Umfeld mag sie zunächst schwieriger, wenn nicht sogar illusorisch erscheinen. Vielerorts ist sie jedoch gelebte Realität. In meiner Schule zum Beispiel organisieren wir uns hierfür von Grund auf soziokratisch. Das heißt, alle von einer Entscheidung oder einem Konflikt betroffenen Personen werden angehört, gesehen und gestalten mit. Aber auch das ist kein Selbstläufer, sondern ein Prozess, der von den verantwortlichen Machtträgern – insbesondere von mir und meiner Mitgründerin –, aber auch durch die anderen beteiligten Erwachsenen, die LernbegleiterInnen, und die Eltern, gestaltet werden muss.

Wenn Konflikte eskalieren und die Familie oder die Gemeinschaft aus ihnen allein keinen Ausweg finden kann, so lohnt es sich an dieser Stelle, externe Hilfe zu holen. Ein Außenstehender kann oft leichter Konflikte von der Meta-Ebene aus betrachten, moderieren oder als Mediator unterstützen. Hilfe zu holen bedeutet nicht, dass wir die Verantwortung abgeben, sondern dass wir in unsere Selbstwirksamkeit kommen. Wenn sich Menschen als selbstwirksam erleben, sind sie eher bereit, auch anderen Raum für ihre Selbstwirksamkeit zu lassen. Selbstwirksamkeit ist das Ergebnis und die Grundlage einer Begleitung auf Augenhöhe. Und so schließt sich der positive Beziehungskreis jenseits von Strafen.

TEIL 3

Handlungsalternativen für kritische Momente

»Liebe mich dann,
wenn ich es am wenigsten
verdient habe, denn dann
brauche ich es am meisten.«

Helen Keller

Womit du sofort beginnen kannst: 28 Alternativen zur Strafe

Wenn wir alte Muster hinter uns lassen möchten, brauchen wir Geduld und auch Empathie mit uns selbst. Aber es ist möglich, Strafen sofort einzustellen und etwas im Miteinander zu ändern. Dazu gehört eine Entscheidung. Veränderungen beginnen immer in uns. Es ist nie zu spät, neu zu beginnen und eine Beziehung, die auf Vertrauen und Liebe, anstatt auf Angst und Kontrolle beruht, zu leben.

Eine Beziehung auf Augenhöhe und eine Haltung, in der ich neugierig darauf bin, mein Kind kennenzulernen und es nicht in gesellschaftliche Vorstellungen hineinpressen will, sondern es auf seinem Weg begleiten möchte, stellt sich nicht über Nacht ein. Ich verstehe aber den Wunsch nach »Soforthilfe« und Entlastung im Alltag. Deshalb habe ich einen »Werkzeugkoffer« bereitgestellt. Dieser ersetzt nicht den Prozess der Veränderung, der nicht nur wichtig, sondern auch heilsam und unabdingbar ist, wenn man Beziehung leben will. Die Handlungsalternativen in meinem »Werkzeugkoffer« können aber helfen, sich im Prozessverlauf zu fokussieren und in Stresssituationen handlungsfähig zu bleiben.

Wer Erziehungstipps erwartet, die beim Kind ein bestimmtes Verhalten auslösen, wird enttäuscht sein. Beziehung ist nicht funktional, methodisch oder konzeptionell. Auf den nächsten Seiten findest du meine 28 Alternativen zur Strafe, die du sofort sowie auch langfristig umsetzen kannst. Sie sind zweimal abgedruckt – einmal zum Lesen und einmal zum Ausschneiden bzw. als Kopiervorlage. Damit du die Alternativen immer zur Hand hast, in die Tasche stecken oder an den Kühlschrank hängen kannst!

1. Fokussiere dich auf das Bedürfnis, nicht auf das Verhalten.

Auch wenn du das Bedürfnis noch nicht erkennen kannst, so mach dir dennoch bewusst, dass eines existiert! Mach dies zu einer zwangsläufigen Annahme! Und zu deinem Mantra: *»Mein Kind will mir etwas sagen. Es braucht etwas. Sein Verhalten ist sekundär. Auf die Botschaft kommt es an.«* Und die Bitte dahinter lautet immer: Schau hin!

Das hilft dir, den behavioristischen Blick abzulegen und hinter dem Verhalten dein Kind zu sehen. Es bedeutet also, einen Moment lang innezuhalten.

Lerne daneben jedoch auch, deine eigenen Bedürfnisse wahrzunehmen, und übe dich in Achtsamkeit!

2. Eigne dir Wissen an.

Was will mein Kind mir mit seinem Verhalten wirklich sagen? Übe immer wieder, dich auf das Bedürfnis hinter dem Verhalten einzulassen. Begib dich in Austausch in entsprechenden Foren oder Gruppen in den sozialen Netzwerken. Lies Bücher und Magazine, stöbere in Blogs. Informiere dich zu Themen rund um die Bindungstheorie, Traumaforschung und Entwicklungspsychologie. Vor allem aber: Rede mit deinem Kind! Kinder kennen ihre eigene Innenwelt am besten und können sie ab einem bestimmten Alter auch gut in Worte fassen.

Wissen verändert unsere Wahrnehmung und unsere Perspektive auf die Dinge. Du wirst sehen, dass es dir immer leichter fallen wird, Bedürfnisse zu erkennen und – ganz wichtig – eine wohlwollende Haltung dem Kind gegenüber einzunehmen.

3. Drück die Stopptaste und geh gemeinsam mit dem Kind aus der Situation.

Wenn du merkst, dass eine Situation eskaliert und sowohl dich als auch dein Kind überfordert, dann verlasst die Situation. Du zusammen mit deinem Kind. So habt ihr – vor allem aber auch dein Kind – die Chance, in liebevoller Begleitung eure Impulse und Gefühle zu beruhigen.

Anstatt *»Geh sofort auf dein Zimmer!«* kannst du dann sagen: *»Komm, wir setzen uns kurz zusammen da drüben hin!«* Das ist eine Art Stopptaste, die den Streit kurz anhält und euch Raum für neue Verbindung schafft. Anschließend könnt ihr den Konflikt in Ruhe miteinander klären.

Wenn Kinder keinen Weg aus ihren starken Gefühlen herausfinden, ist es durchaus sinnvoll, ihnen zu helfen – im Sinne einer Co-Regulation. Viele Kinder lassen in Momenten der Wut zunächst keine Nähe zu, benötigen diese aber, um wieder entspannen zu können. Einem meiner Kinder halfen in solchen Situationen beispielsweise Handpuppen, ganz besonders Giraffe und Wolf aus der gewaltfreien Kommunikation nach Marshall B. Rosenberg. Diese Strategie war die Idee und der Wunsch meines Kindes selbst.

4. Redet in einer ruhigen Minute miteinander.

Hast du schon einmal versucht, in einer hitzigen Diskussion mit einem Erwachsenen auf einen gemeinsamen Nenner zu kommen? Meiner Erfahrung nach ist das ein Ding der Unmöglichkeit. Nicht ohne Grund hat man bei wichtigen Meetings immer auch einen Moderator dabei.

Wenn wir aufgebracht und mit unseren eigenen Emotionen beschäftigt sind, sind wir kaum in der Lage, uns auf jemand anderen einzulassen. Erst wenn wir wieder Herr unserer Gefühle sind, können wir auch über die Ereignisse nachdenken.

Impulskontrolle ist etwas, das reifen muss. Selbst Erwachsene reagieren oft äußerst impulsiv. Kinder leben ihre Gefühle noch viel stärker aus. Lasse ihnen Raum und suche das klärende Gespräch später. Dann ist die Wahrscheinlichkeit, dass deine Sorgen und Wünsche erhört werden, deutlich größer.

In der Wut ist der Mensch nicht zugänglich für Argumente. Versuche nicht, dein Kind mit Vernunft zu überzeugen. Dafür ist womöglich später Zeit. Dann kannst du fragen, was los war und gegebenenfalls nach Wegen suchen, es gar nicht erst wieder so weit kommen zu lassen.

5. Sucht zusammen nach Lösungen und »undet«.

Manchmal machen Menschen Dinge, die uns stören. Das kann der Partner sein, die beste Freundin, der Arbeitskollege oder aber auch unser eigenes oder das uns anvertraute Kind. Setzt euch zusammen hin und besprecht das Thema miteinander. Vielleicht hilft dir das Gespräch auch, deinen Bedürfnissen auf die Spur zu kommen, und das Kind hat Ideen, die dir selbst nicht eingefallen wären.

Es ist utopisch, auf alles immer eine Antwort zu wissen, und das dürfen wir den Kindern gegenüber auch offen zugeben: *»Du, ich bin gerade ratlos und komme hier nicht weiter. Hast du eine Idee dazu?«*

Unsere Kinder sind meist deutlich kompetenter als wir glauben. Außerdem sind sie – so wie wir alle – eher bereit zu kooperieren, wenn sie am Entstehungs- und Entscheidungsprozess beteiligt sind.

Nicht immer müssen wir als LernbegleiterInnen bei einem Konflikt sofort die Eltern des Kindes hinzuziehen. Wenn aber doch, so ist es wichtig, gemeinsam mit allen an einer Lösung zu arbeiten und nicht zu erwarten, dass die Eltern dafür sorgen, dass das Kind »funktioniert«.

6. Gib nach Fehlern dir und deinem Kind eine zweite Chance.

Wenn du noch zu stark in alten Gedankenmustern gefangen bist, so könnte dir ein kleiner Trick helfen: Gib deinem Kind und auch dir eine »zweite Chance«. Jeder macht mal Fehler und vielleicht hilft dir ja der Gedanke, dass man auch mal »Fünfe gerade sein« lassen kann?

Wenn du also merkst, dass dich dein erster Impuls dazu verleitet, dein Kind zu bestrafen, gib ihm gedanklich eine neue Chance! Und wenn du dich im ersten Moment übergriffig verhalten hast, so kannst du dich entschuldigen und die Strafe wieder auflösen.

7. Biete Alternativen an und sei kreativ.

Wenn dein Kind etwas tut, was du – warum auch immer – nicht möchtest oder nicht ermöglichen kannst, so biete Alternativen an: *»Du kannst ohne Schuhe auf dem Sofa springen oder du gehst raus zum Trampolin.«*

Sei kreativ und versuche, außerhalb des vorgegebenen Rahmens zu denken (gemäß dem englischen »thinking outside the box«)! Am besten, du vergisst die »Boxen« ganz. Deinem Kind fällt beispielsweise das Teilen (noch) schwer, aber dir ist es unangenehm? Respektiere es und kaufe dir einfach eigenes Spielzeug zum Teilen. Abends wollen die Kinder nicht allein ins Bett und ihr als Paar habt dann keine Zeit in Zweisamkeit? Ein Tag hat 24 Stunden und nicht nur zwei am Abend. Ein gemeinsames Frühstück kann auch sehr schön sein.

8. Unternehmt gemeinsame Aktivitäten zur Entspannung und Entladung.

Wenn bei uns die Stimmung zu kippen droht oder bereits gereizt und angespannt ist, macht mein Mann gern eine spontane Party: Musik an und gemeinsam abtanzen. Mittlerweile gibt es sogar ein kleines Disco-Licht im Haus. Es macht Spaß, verbraucht Energie, vor allem aber werden die negativen Spannungen ins Positive gelenkt. In Seminaren helfen kleine Bewegungs- und Entspannungsübungen. In der Schule gehen wir gerne in den Garten oder holen die Turnmatten hervor.

Gut funktionieren auch das gemeinsame Durchkitzeln (Vorsicht, nicht alle Menschen mögen es. Erst fragen und auf »Stopp« reagieren!), Kissenschlachten, Schwertkämpfe oder das Verjagen von Monstern und Dinosauriern aus dem Haus. Dazu passt wunderbar der nächste Punkt.

9. Spielt zusammen.

Dazu gehört das gemeinsame Lesen von Büchern, ein gemeinsames Spiel an der Konsole oder am Tablet, Zeichnen und Malen, das Nachspielen von Situationen mit Puppen oder Handpuppen oder auch Rollenspiele, Verkleiden sowie vieles andere mehr. Es stärkt die Bindung, hilft, Stress abzubauen und Geschehenes gemeinsam zu verarbeiten. Gleichzeitig begreifen Kinder Dinge besser, indem sie sie erleben, oder sie werden durch das Spiel auf Herausforderungen vorbereitet.

Wenn dein Kleinkind also immer wieder die Katze ärgert, so kannst du durch Rollenspiele, Handpuppen oder mithilfe von Bilderbüchern den Versuch unternehmen, ihm zu erklären, warum du das nicht willst. Besser noch, du zeigst deinem Kind Handlungsalternativen. Zum Beispiel, wie es so mit der Katze spielen kann, dass es für beide ein positives Erlebnis wird.

10. Geht raus an die frische Luft.

Es gibt kaum etwas, was so hilfreich ist wie ein kleiner oder auch großer Tapetenwechsel. Gerade draußen in der Natur, aber auch im Großstadtdschungel gibt es so viel zu entdecken – da sind die schlechten Schwingungen schnell vergessen. Auch wenn es nur eine kurze Runde um den Block ist. Frische Luft »belüftet« auch das Gehirn.

Gemeinsame Unternehmungen stärken außerdem das Zusammengehörigkeitsgefühl, schaffen neue positive Erinnerungen und erweitern bei allen Beteiligten den Horizont.

11. Übe dich im Annehmen.

Insbesondere in Transformations- und Stressphasen ist es unabdingbar, dass wir das, was nun einmal ist, annehmen lernen. Manchmal erleben wir das Zusammenleben mit unseren Kindern als schwierig und anstrengend, merken vielleicht, dass unser eigenes Verhalten dazu beiträgt, können aber nicht aus unserer Haut. Das ist okay und darf auch mal sein. Es entlastet ungemein, wenn wir diese eigene Unzulänglichkeit, aber auch die der anderen annehmen können.

Es ist, wie es ist. Es ist nicht schön. Es ist nicht das, was du willst, aber das, was gerade offensichtlich »dran« ist. Also mach das Beste daraus! Leid entsteht immer dann, wenn wir Schritte überspringen. Wir suchen nach Lösungen, versuchen diese krampfhaft herbeizuführen und leiden auf dem Weg dorthin, weil wir uns weigern unsere Realität erst einmal anzunehmen. Nimm auch dein Kind so an, wie es ist, und vergleiche es nicht mit anderen.

12. Atme und vermeide Affekthandlungen.

Wirklich – das hilft hervorragend! Atme wenigstens dreimal ein und aus, bevor du handelst. Atme von den Füßen bis zum Kopf ein und vom Kopf bis zu den Füßen wieder aus. Komm zur Ruhe! Vermeide so unüberlegte Reaktionen aus dem Affekt beziehungsweise aus einem ersten, erzieherischen Impuls heraus.

Wenn Atmen nicht dein Ding ist, dann könntest du zum Beispiel in Gedanken bis zehn zählen oder dich einmal durchstrecken, gähnen etc. Gönn dir eine Pause zwischen dem erhaltenen Input und deiner Reaktion darauf.

13. Gib deinem Kind Raum für einen Rückzug.

Vermeide es, ein Kind wegzuschicken oder von Aktivitäten auszuschließen. Es verbietet sich, Kinder auf einen *stillen* Stuhl zu setzen oder Zimmerarrest zu verpassen. Es sollte jedoch die Möglichkeit haben, sich aus einer überfordernden Situation zurückzuziehen. Gerade wenn im Haushalt, in der Kita oder Schule viele Menschen sind, ist es wichtig, einen Ort zu haben, an dem es sich zurückziehen kann, wenn es wütend ist oder einfach Ruhe benötigt. Und sei es, dass es die Badezimmertür hinter sich schließen kann oder in einem gemeinsamen Raum eine private Ecke hat. Das kann ein Hochbett sein oder zum Beispiel ein kleines Zelt. In der Schule haben wir extra Ruhe- und Kuschelräume/-bereiche eingerichtet. Sag dem Kind, dass du da bist, wenn es so weit ist und mit dir sprechen oder kuscheln mag.

14. Nimm dir eine Auszeit und komm zur Besinnung.

Bevor du ein Kind anschreist, wegschickst, strafst oder auf anderem Wege angreifst, geh selbst einen Moment aus der Situation. Und zwar am besten noch bevor sie eskaliert. Achte auf dich und die Zeichen deines Körpers. Oft sehen wir es ja frühzeitig »kommen«. Also reagiere auf diese Anzeichen und mach kurz eine Pause, lass Wasser übers Gesicht laufen, iss eine Kleinigkeit oder tu, was immer dir auf die Schnelle helfen mag. Es ist wichtig, dass auch du dich kennenlernst und achtsam mit dir umgehst!

15. Bitte um Hilfe.

Lass dir helfen! Kinder zu begleiten, ist eine herausfordernde Aufgabe. Wir sind dabei oft großem Stress ausgesetzt, müssen blitzschnell entscheiden, sind ständig gefragt. Es ist nicht nur o.k., für sich zu sorgen – es ist unerlässlich.

»Du, Schatz, ich bin gerade in keiner guten Verfassung, ich bin müde. Ich verliere die Geduld und werde gemein. Bitte, übernimm du!« So mache ich das mit meinem Mann oder anderen uns nahe stehenden Personen. In der Schule achtet unser LernbegleiterInnen-Team in ähnlicher Weise aufeinander.

Es ist keine Schande, an seine Grenzen zu kommen. Wir alle sind mal dünnhäutig und gestresst oder werden durch bestimmte Themen stark getriggert. Wenn es die Möglichkeit gibt, dies zu kommunizieren und Hilfe zu erhalten, dann nutze sie! Gegenseitige Unterstützung anstatt falsche Loyalität unter Erwachsenen. Nicht nur die Eltern, die LehrerInnen oder ErzieherInnen müssen gemeinsam an einem Strang ziehen, sondern die Familie oder Gemeinschaft als Ganzes. Dazu gehören auch die Kinder. Damit ist allerdings nicht gemeint, dass alle immer derselben Meinung sein müssen. Konflikte gehören zum Leben dazu. Mit »An-einem-Strang-Ziehen« ist gemeint, dass alle dieselbe gemeinsame Vision verfolgen und das Wohl aller im Blick haben.

16. Erhöhe deine Konfliktkompetenz.

Lerne dich, deine Haltung und deinen Umgang mit Konflikten kennen. Wie reagierst du auf Streit und Meinungsverschiedenheiten? Versuchst du, Konflikten aus dem Weg zu gehen, springst du mitten rein oder stellst du dich ihnen? Erlebst du dein Leben als konfliktarm oder -reich? Woran könnte das liegen?

Bist du eher eingeschüchtert und denkst im Anschluss an ein Streitgespräch, was du alles hättest sagen wollen? Oder bist du eher jemand, der zu vieles unüberlegt sagt und seine Wut nicht gut im Griff hat?

Beschäftige dich mit deiner Wut. Oft werden wir selbst wütend, wenn Kinder wüten, dann können wir ihnen keine adäquate Begleitung bieten. Genauso, wenn wir Konflikte unter den Teppich kehren, um die Scheinharmonie zu wahren oder in der Hoffnung, sie lösten sich dann von allein auf. Im schlimmsten Fall kündigen wir damit die Beziehung auf.

17. Lege Erwartungen ab und vermeide Druck und Enttäuschungen.

Lege deine Erwartungen ab! Es sind Kinder und du bist auch nur ein Mensch. Sie müssen nicht funktionieren, und du musst nicht alles schaffen.

Erwartungen werden sehr oft enttäuscht. Aus dieser Enttäuschung erwachsen Vorwürfe und wir finden uns mitten in einer Opfer-Täter-Abwärtsspirale wieder. Erwartungen erzeugen außerdem Druck und lösen Widerstand aus. Sie verhindern, dass Kinder intrinsisch motiviert handeln können. Sie verhalten sich dann nur zu einem bestimmten Zweck, etwa um es dem Erwachsenen recht zu machen.

18. Steig aus dem Machtkampf aus.

Wenn Kinder in Widerstand gehen, dann brauchen sie Erwachsene, die zuhören und in Beziehung gehen und bleiben.

Steig aus dem Machtkampf aus. Wenn dein Kind dir sagt, dass du gehen sollst, geh. Wenn es dir sagt, dass du doch bleiben sollst, bleibe. Du brauchst mit deinem Kind keine Machtspiele zu betreiben oder dich von deinem Kind »auf dem Arm genommen« fühlen. Es weiß tatsächlich nicht, was es will und braucht. Seine Gefühle fahren womöglich Achterbahn. Gib es jedoch nicht auf.

19. Arbeite an deiner Haltung und geh auf Augenhöhe.

Begegne deinem Kind auf Augenhöhe. Vermeide Dinge, die seine Würde verletzen. Es hat ein Recht auf Selbstbestimmung, Respekt, Berücksichtigung und Rücksichtnahme. Nicht nur Kinder in der Autonomiephase, sondern alle Kinder reagieren ganz besonders sensibel auf die Einschränkung ihrer Rechte.

Dein Kind tut nichts gegen *dich*, sondern stets etwas für *sich*. Seine Ausbrüche sind keine Angriffe auf andere, sondern zeigen seine Verzweiflung und Überforderung. Es braucht an dieser Stelle empathische Begleitung sowie ehrliche Resonanz, aber keine Vorwürfe oder sogar Bestrafungen.

20. Übe dich in Empathie.

Erinnerst du dich als Mutter beispielsweise an die körperlichen Veränderungen während und auch nach der Schwangerschaft? Wie ist es dir damit ergangen? Ich bin mit meinem Zwillingsbauch zum Beispiel ständig irgendwo angestoßen, weil ich meine neuen Körperverhältnisse gar nicht richtig einschätzen konnte. Ähnlich geht es unseren 5- bis 7-jährigen Kindern mit ihren schlaksigen Armen, aber auch Jugendlichen in der Pubertät oder Kleinkindern in der Autonomiephase.

Versetze dich in ihre Situation. Kinder fühlen wie du und ich. Respektiere sie und achte ihre Würde!

21. Gestalte dir die Welt einfacher.

Aus der Erfahrung der letzten Jahre kann ich allen Eltern Folgendes ans Herz legen: Lehnt euch zurück! Eure Kinder werden schnell groß, aber es wird noch eine ganze Weile brauchen, bis bei euch wieder »Ruhe eingekehrt« ist. Schont also eure Kräfte und genießt diese kurze Zeit.

Auch im beruflichen Alltag lässt sich die Welt ein wenig einfacher gestalten. Allen voran, indem wir überzogene Erwartungen ablegen und eine vorbereitete Umgebung schaffen, in der Kinder sich artgerecht entfalten können. Ein Tag hat 24 Stunden. Passe die Umstände deinem Leben an!

22. Meide Situationen, die anstatt Freude Stress bereiten.

Es gibt Unternehmungen oder Ausflüge mit kleinen Kindern, die wir sehr gerne machen und die uns eigentlich entlasten sollten. Gerade das tun sie aber im Moment nicht. Das bedeutet nicht, dass wir für immer auf sie verzichten müssten, oft handelt es sich nur um ein paar Wochen oder wenige Monate.

So habe ich beispielsweise einen Sommer lang einfach ein Planschbecken auf den Balkon gestellt, anstatt mit drei Kindern quer durch die Metropole an den See oder ins Freibad zu fahren, um anschließend dort in Panik zu geraten, weil ich mich allein mit drei Kleinkindern am Wasser überfordert fühlte.

23. Ändere den Rahmen und schaff Strukturen, die euch helfen.

Suche nicht die Lösung im Benehmen der Kinder! Es ist nicht primär ihr Verhalten, das sich ändern muss, sondern der Rahmen, in dem ihr euch bewegt und deine Einstellung zu den Dingen! Beides kannst du gestalten! Schaffe also eine Ja-Umgebung und Strukturen, die Teilhabe ermöglichen. Und arbeite an deiner Haltung!

24. Ändere deine Sichtweise auf die Dinge.

Dann sieht die Wohnung eben eine Weile wie nach einem Wirbelsturm aus, daran stirbt niemand! Aber die Nerven aller – vor allem auch eure Beziehung zueinander – werden geschont. Perspektivwechsel bedeutet auch, die richtigen Prioritäten zu setzen.

25. Nimm Gefühle an.

Du musst die Wut von Kindern nicht unterbinden oder beenden. Wir denken oft, dass wir das Problem lösen können, indem wir das Kind irgendwie zur Ruhe bringen, aber manchmal müssen Gefühle eben einfach raus.

Sorge dafür, dass niemand verletzt wird, und sei einfach da. Übe dich im Annehmen.

Wir Erwachsenen sind Meister der Verdrängung. Dass dies nicht immer eine gesunde Strategie ist, ist ebenfalls hinreichend bekannt.

26. Hör zu.

Wenn deine Kommandier- oder Erklärungsversuche bei den Kindern kein Gehör finden, ist dies ein guter Hinweis darauf, dass lieber du zuhören solltest.

Auch »liebevolle« und bedürfnisorientierte Eltern und LernbegleiterInnen neigen dazu, zu viel zu reden, und vergessen dadurch nicht selten, zuzuhören. Damit meine ich nicht nur verbale Kommunikation, sondern die gesamte Körpersprache des Kindes.

27. Stell keine Bedingungen auf, sondern liebe bedingungslos.

»Ich liebe dich, mein Kind. Ich bin da, wenn du soweit bist und mich brauchst.« Es ist sekundär, ob du diese Sätze aussprichst oder sie lediglich denkst. Dein Kind ist in Not, versuche also, eure liebevolle Verbindung ganz deutlich zu spüren, auch wenn dich sein Verhalten womöglich ärgert.

Ich habe es in einer solchen Situation tatsächlich auch laut ausgesprochen. Mein Kind hörte sofort auf zu toben und sprang in meine Arme, wo es seiner Traurigkeit endlich Raum geben konnte. Hinter Wut steckt oft Traurigkeit und nicht selten der Ruf nach Liebe.

Auch als LernbegleiterInnen können wir die Kinder um uns herum bedingungslos sehen und annehmen lernen.

28. Hör auf, zu relativieren, und nimm dich selbst in den Arm.

Niemand außer dir selbst weiß, wie steinig dein Weg bis hierher war. Relativiere das, was du einst erlebt hast und zu einem strafenden Impuls führt, nicht weiter. Nimm dich liebevoll in den Arm, schenk dir Empathie und sei auch dir ein zugewandtes und verständnisvolles *Elternteil*. Auch du bist gerade erst dabei zu lernen, wie man läuft! Wenn du stark erzogen wurdest, ist auch dir der Umgang mit starken Gefühlen nicht wirklich vertraut. Also sieh auch in dir die Überforderung und die Not, wenn du innerlich wütest.

Danksagung

Mit der Geburt meiner drei Kinder Bastian, Iara und Rafael veränderte sich meine Welt. Jeder von ihnen setzte mit seiner Einzigartigkeit und seiner persönlichen Geschichte in mir einen eigenen Entwicklungsprozess in Gang. Sie spiegeln mich und geben mir die Chance zu reifen und zu wachsen. Es klingt ein wenig abgedroschen, aber es ist wahr: Sie sind meine größten Lehrer. Sie in meinem Leben zu wissen, ist ein Geschenk.

Dank meiner Kinder hinterfragte ich immer mehr meine Glaubenssätze und Denkmuster: Was bedeutet Erziehung? Wie will ich meine Kinder begleiten? Was hindert mich womöglich daran, die Mutter zu sein, die ich sein möchte? Was bedeutet »in Beziehung sein«? Wie bringe ich meinen Beruf und die Bedürfnisse meiner Familie in Einklang? Wie möchte ich leben? Wer möchte ich sein? Sie und unsere Beziehung zueinander waren es, die mir den Anstoß und den Mut gaben, mich auf die Reise zu mir selbst zu begeben.

Bei meiner Suche nach Inspiration für eine zugewandte Begleitung meiner Kinder, traf ich auf eine Facebook-Gruppe mit dem Namen »unerzogen«. Eine für mich lebensverändernde Begegnung mit beeindruckenden Menschen, die vom unbedingten Willen und der Überzeugung getragen werden, dass es möglich ist, in Liebe, gleichwürdig und gleichberechtigt mit unseren Kindern zu leben. Ohne all diese Menschen, insbesondere Ruth, Lena, Nicola, Sabine und Sylvie, hätte ich dieses Buch niemals schreiben können. Sie alle haben mir über Jahre hinweg gezeigt, dass ein Paradigmenwechsel möglich und unabdingbar ist. Insbesondere mit diesen fünf Frauen stand und stehe ich in einem intensiven privaten und beruflichen Austausch. Mithilfe ihrer großen Unterstützung durchlief ich einen Transformationsprozess, der mich zurück zu mir selbst brachte und mich die Freude am lebenslangen

Lernen wiederfinden ließ. Das erfüllt mich mit größter Dankbarkeit.

Bedingungslose Liebe, Respekt und Vertrauen prägen heute die Beziehung zu meinen Kindern. Einen Weg, den ich gemeinsam mit Ivan, meinem Mann und Vater meiner Kinder, beschreiten darf. Sein unerschütterliches Vertrauen in mich und in meine Fähigkeiten geben mir den nötigen Antrieb, meinen Beitrag für eine Erwachsenen-Kind-Beziehung auf Augenhöhe auch außerhalb unserer Familie zu leisten.

Ohne ihn gäbe es weder unseren Verein Madrina Sophia e.V. noch die APEGO-Schule und -Kita Berlin, die ich mit meiner Freundin und Geschäftspartnerin Jana gegründet habe. Auch ihr danke ich, dass sie diese gemeinsame Vision mit mir teilt und in die Welt trägt. Zusammen mit unserem Team und dem Engagement der Familien bringen wir die Erwachsenen-Kind-Beziehung auf Augenhöhe in die institutionelle Praxis. Darauf baut dieses Buch auf.

Die 28 Alternativen zur Strafe zum Ausschneiden oder Kopieren

1.
Fokussiere dich auf das Bedürfnis, nicht auf das Verhalten.

2.
Eigne dir Wissen an.

3.
Drück die Stopptaste und geh gemeinsam mit dem Kind aus der Situation.

4.
Redet in einer ruhigen Minute miteinander.

5.
Sucht zusammen nach Lösungen und »undet«.

6.
Gib nach Fehlern dir und deinem Kind eine zweite Chance.

7.
Biete Alternativen an und sei kreativ.

8.
Unternehmt gemeinsame Aktivitäten zur Entspannung und Entladung.

9.
Spielt zusammen.

10.
Geht raus an die
frische Luft.

11.
Übe dich im
Annehmen.

12.
Atme und vermeide
Affekthandlungen.

13.
Gib deinem Kind Raum für einen Rückzug.

14.
Nimm dir eine Auszeit und komm zur Besinnung.

15.
Bitte um Hilfe.

16.
Erhöhe deine Konfliktkompetenz.

17.
Lege Erwartungen ab
und vermeide Druck
und Enttäuschungen.

18.
Steig aus dem
Machtkampf aus.

19.
Arbeite an deiner
Haltung und geh auf
Augenhöhe.

20.
Übe dich
in Empathie.

21.
Gestalte dir die Welt einfacher.

22.
Meide Situationen, die anstatt Freude Stress bereiten.

23.
Ändere den Rahmen und schaff Strukturen, die euch helfen.

24.
Ändere deine Sichtweise auf die Dinge.

25.
Nimm Gefühle an.

26.
Hör zu.

27.
Stell keine Bedingungen auf, sondern liebe bedingungslos.

28.
Hör auf, zu relativieren, und nimm dich selbst in den Arm.

Anhang

Literaturverzeichnis

Aldort, Naomi: *Von der Erziehung zur Einfühlung. Wie Eltern und Kinder gemeinsam wachsen können,* Freiburg i.Br. (Arbor) 2005.

antenne bayern (2018): *Die exklusive ANTENNE BAYERN Studie. Ist es in Ordnung, Kindern hin und wieder einen Klaps zu verpassen?* https://www.antenne.de/programm/aktionen/studie-so-tickt-bayern/kinder-schlagen-okay (Stand: 30.01.2018).

antenne bayern (2018): *Ohrfeige, Prügel und Co.: Was droht Eltern, die ihre Kinder schlagen?* https://www.facebook.com/antennebayern/posts/48-der-bayern-finden-es-ok-einem-kind-hin-und-wieder-einen-klaps-zu-verpassen-da/10155468996113520/ (Stand: 29.01.2018).

BBC News (2018): Ohio dad makes girl walk miles to school for bullying on bus. https://www.bbc.com/news/world-us-canada-46471438 (Stand: 27.12.2018).

Berndt, Christina (2012): *Das Geheimnis einer robusten Seele. Die starken Kinder von Kauai*. In: Süddeutsche Zeitung. Psychologie. https://www.sueddeutsche.de/gesundheit/psychologie-das-geheimnis-einer-robusten-seele-1.1017907-2 (Stand: 25.12.2018).

Beling, Lina: *Kriminalstatistik. 40 Kinder pro Tag erleben sexuelle Gewalt*. In: Tagesschau. https://www.tagesschau.de/inland/gewalt-gegen-kinder-103.html (Stand 06.06.2019).

Bokelmann, Hans: *Erziehungsnormen*. In: Christoph Wulf (Hrsg.): Wörterbuch der Erziehung. München (Piper), 1997.

Brisch, Karl Heinz: *SAFE, Sichere Ausbildung für Eltern. Für Schwangerschaft und erste Lebensjahre*. Stuttgart, (Klett-Cotta) 2010.

Bundeskriminalamt (Hrsg.): *Polizeiliche Kriminalstatistik 2018. Jahrbuch Band 4. Einzelne Straftaten/-gruppen und ausgewählte Formen der Kriminalität*. In: https://www.bka.de/DE/AktuelleInformationen/StatistikenLagebilder/PolizeilicheKriminalstatistik/PKS2018/pks2018_node.html (Stand: 02.04.2019).

Bürgerliches Gesetzbuch in der Fassung der Bekanntmachung vom 2. Januar 2002 (BGBl. I S. 42, 2909; 2003 I S. 738), das zuletzt durch Artikel 7 des Gesetzes vom 31. Januar 2019 (BGBl. I S. 54) geändert worden ist.

Charf, Dami: *Entwicklungstrauma ist die versteckte Epidemie unserer Zeit*. In: https://www.traumaheilung.de/entwicklungstrauma/ (Stand: 01.08.2018)

Cremer, Samuel/Schumacher, Christian: *GFK-Navigator für Bedürfnisse: Bedürfnisse finden und benennen – sich verstehen, verstanden werden, Empathie geben*, Stockelsdorf (Future Pace Media) 2016.

Deci, E. L./Koestner, R./Ryan, R. M.: *A meta-analytic review of experiments examining the effects of extrinsic rewards on intrinsic motivation*, in: Psychological Bulletin, 125(6) 1999, 627–668.

Braunmühl, Ekkehard v.: *Antipädagogik. Studien zur Abschaffung der Erziehung*, Leipzig (Tologo) 2006.

Depner, Michael: *Seele und Gesundheit. Informationen zu Psychiatrie und Psychotherapie*. https://www.seele-und-gesundheit.de/index.html (Stand: 30.12.2018).

Donaldson, O. Fred: *Von Herzen spielen. Die Grundlagen des ursprünglichen Spiels*, Freiburg i.Br. (Arbor) 2016.

Fokken, Silke (2019): Studie. Was Kindern hierzulande fehlt – und was nicht. In: Spiegel Online. Leben und

Lernen. https://www.spiegel.de/lebenundlernen/schule/bertelsmann-studie-was-kindern-hierzulande-fehlt-und-was-nicht-a-1275328.html (Stand: 01.07.2019).

Freie Universität Berlin: *Lernen & Gedächtnis. Operante Konditionierung: Bestrafung,* http://www.ewi-psy.fu-berlin.de/einrichtungen/arbeitsbereiche/allgpsy/media/media_lehre/Lernen_und_Ged__chtn__s/lernen_7.pdf (Stand: 23.12.2018).

Fuchs, Sven: *Die Kindheit ist politisch! Kriege, Terror, Extremismus, Diktaturen und Gewalt als Folge destruktiver Kindheitserfahrungen*. Heidelberg (Mattes) 2019.

Gershoff, E.T./Grogan-Kaylor, A.: *Spanking and child outcomes. Old controversies and new meta-analyses.* In: Journal of Family Psychology 30(4) (2016) 453–469. http://psycnet.apa.org/record/2016-17153-001 (Stand: 23.12.2018).

Glasl, Friedrich: *Konfliktmanagement: Ein Handbuch für Führungskräfte, Beraterinnen und Berater*. Bern (Freies Geistesleben) 2007.

Greenberg, Daniel: *Ein klarer Blick: Neue Erkenntnisse aus 30 Jahren Sudbury Valley School*. Leipzig (Tologo) 2006.

Gray, Peter: *Befreit Lernen. Wie lernen in Freiheit spielend gelingt*. Klein Jasedow (Drachen) 2013, bes. S. 100.

Häuser W./Schmutzer G./Brähler E./Glaesmer H. (2011):, *Maltreatment in childhood and adolescence – results from a survey of a representative sample of the German population.*, in: https://www.aerzteblatt.de/int/archive/article/87646 (Stand: 01.07.2019).

Juul, Jesper: *Dein kompetentes Kind. Auf dem Weg zu einer neuen Wertgrundlage für die ganze Familie,* Reinbek (Rowohlt) 2009.

Juul, Jesper: *Aggression. Warum sie für uns und unsere Kinder notwendig ist,* Frankfurt a.M. (S. Fischer) 2014.

Kiel-Hinrichsen, Monika/Kviske, Renate: *Wackeln die Zähne – wackelt die Seele: Der Zahnwechsel. Ein Handbuch für Eltern und Erziehende*. Stuttgart (Urachhaus) 2018.

Kohn, Alfie: *Liebe und Eigenständigkeit. Die Kunst bedingungsloser Elternschaft, jenseits von Belohnung und Bestrafung*. Freiburg i.Br. (Arbor) 2010.

Kohn, Alfie: *Punished by Rewards. The Trouble with Gold Stars, Incentive Plans, A's, Praise and Other Bribes*. Boston/New York (Houghton Mifflin) 2018.

Kubanek, Jan/Snyder, Lawrence H./Abrams, Richard A. (2015): *Reward and punishment act as distinct factors in guiding behavior,* https://www.ncbi.nlm.nih.gov/pmc/articles/PMC4397189/ (Stand: 23.12.2018).

Largo, Remo H.: *Lernen geht anders. Bildung und Erziehung vom Kind her denken,* München (Piper) 2014.

Lepper, M. R./Greene, D./Nisbett, R. E.: *Undermining children's intrinsic interest with extrinsic reward: A test of the »overjustification« hypothesis,* in: Journal of Personality and Social Psychology, 28(1) 1973, 129–137.

Miller, Alice: *Am Anfang war Erziehung,* Frankfurt a.M. (Suhrkamp) 1983.

Palomino, Michael (2006): *Erziehungsleitsätze für Eltern und Kinder. Teil 7: Das Prinzip der Bestrafungen und die Folgen,* http://www.soz-etc.com/soz/pflichtelternkurs/Perrez-et-al-07-erziehung-bestrafungen-folgen.htm (Stand: 23.12.2018).

Plener, Paul L./Rodens, Klaus P./Fegert, Jörg M.: *»Ein Klaps auf den Hintern hat noch niemandem geschadet«: Einstellungen zu Körperstrafen und Erziehung in der deutschen Allgemeinbevölkerung*. In: https://www.stiftung-kind-und-jugend.de/fileadmin/pdf/BVKJ_Kinderschutz_0616_Beitrag_Umfrage_2.pdf (Stand: 01.07.2019).

Polizeiliche Kriminalprävention der Länder und des Bundes: *Nur die Spitze des Eisbergs: Aktuelle Zahlen und Daten sowie wichtige Hintergrundinformationen Ihrer Polizei,* https://www.polizei-beratung.de/themen-und-tipps/gewalt/kindesmisshandlung/fakten/ (Stand: 25.12.2018).

Renz-Polster, Herbert: *Kinder verstehen: Born to be wild. Wie die Evolution unsere Kinder prägt,* München (Kösel) 2015.

Rodriguez, Aida S. de: *Streiten – Aber richtig! Gemeinsam statt gegeneinander.* http://elternmorphose.de/kursseite-streiten-aber-richtig/ (Stand: 2017).

Rosenberg, Marshall B.: *Gewaltfreie Kommunikation. Eine Sprache des Lebens,* Paderborn (Junfermann) 2013a.

Rosenberg, Marshall B.: *Was deine Wut dir sagen will. Überraschende Einsichten. Das verborgene Geschenk unseres* Ärgers entdecken, Paderborn (Junfermann) 2013b.

Rutschky, Katharina (Hrsg.): *Schwarze Pädagogik. Quellen zur Naturgeschichte der bürgerlichen Erziehung.* Berlin (Ullstein) 1997.

Saalfrank, Katharina: *Was unsere Kinder wirklich brauchen. 7 Werte für eine gelingende Eltern-Kind-Beziehung,* München (Gräfe und Unzer) 2016.

Sauerbrey, Ulf /Winkler, Michael: *Friedrich Fröbel und seine Spielpädagogik. Eine Einführung,* Paderborn (Ferdinand Schöningh) 2018.

Schmidt, Nicola (2012): *Motivation von Kindern. Loben lernen. In: Süddeutsche Zeitung. Erziehung.* https://www.sueddeutsche.de/wissen/motivation-von-kindern-loben-lernen-1.3831 (Stand: 01.07.2019).

Scobel: Psychische Gewalt. In: 3sat. Wissen. https://www.3sat.de/wissen/scobel/psychische-gewalt-100.html (Stand: 27.09.2018).

Sege, Robert D./Siegel, Benjamin S. (2018): *Effective Discipline to Raise Healthy Children,* http://pediatrics.aappublications.org/content/142/6/e20183112 (Stand: 23.12.2018).

Skinner, Burrhus Frederic: *Wissenschaft und menschliches Verhalten*. München (Kindler) 1973.

Stiftung digitale Chancen: *Kinderschutz und Kinderrechte in der digitalen Welt*. https://kinderrechte.digital/einstieg/ (Stand: 01.12.2018).

Talwar, Victoria/Arruda, Cindy/Yachison, Sarah (2015): *The effects of punishment and appeals for honesty on children's truth-telling behavior,* in: Journal of Experimental Child Psychology 130, https://www.sciencedirect.com/science/article/pii/S0022096514001817 (Stand: 23.12.2018).

unerzogen – das original. https://www.facebook.com/groups/118566732679/ (Stand: 30.12.2018).

Unicef (2017), *A Familiar Face. Violence in the lives of children and adolescents,* https://www.unicef.de/informieren/materialien/a-familiar-face--violence-in-the-lives-of-children-and-adolescents/152352 (Stand: 25.12.2018).

University of Missouri-Columbia (2014), *Certain parenting tactics could lead to materialistic attitudes in adulthood,* https://www.sciencedaily.com/releases/2014/12/141216154731.htm (Stand: 25.12.2018).

Valtin, Renate/Walper, Sabine, *Klären Sie es – Schlagen ist sinnlos! Was Kinder über Strafen und Bestrafung denken,* https://www.erziehungswissenschaften.hu-berlin.de/de/grundschulpaed/abteilung-grundschulpaedagogik/informationen/downloads/dateien-fuer-webseite/schlagen-ist-sinnlos (Stand: 23.12.2018).

Wang, Ming-Te/Kenny, Sarah (2014), *Longitudinal Links Between Fathers' and Mothers' Harsh Verbal Discipline and Adolescents' Conduct Problems and Depressive Symptoms,* in: Child Development 85 (3), https://deepblue.lib.umich.edu/bitstream/handle/2027.42/106863/cdev12143.pdf?sequence=1&isAllowed=y (Stand: 23.12.2018).

Wild, Rebeca: *Kinder im Pesta. Erfahrungen auf dem Weg zu einer vorbereiteten Umgebung für Kinder*. Freiburg i.Br. (Arbor) 1993.

Winterhoff, Michael: *Warum unsere Kinder Tyrannen werden. Oder: Die Abschaffung der Kindheit*. München (Goldmann) 2010.

Anmerkungen

1 Rosenberg (2013a).
2 Largo (2014), S. 103.
3 Gray (2015).
4 Wild (1993).
5 Rosenberg (2013b).
6 Cremer/Schumacher (2016).
7 Depner (2016).
8 Idem.
9 Fuchs (2019).
10 Charf (2018).
11 Kohn (2010).
12 Talwar/Arruda/Yachison (2015).
13 Brisch (2015).
14 Largo (2014).
15 Idem.
16 Donaldson (2016).
17 Greenberg (2006).
18 Largo (2014).
19 Idem.
20 Scobel (2018).
21 Kohn (2010).
22 Winterhoff (2010).
23 Bürgerliches Gesetzbuch (BGB), § 1631 Inhalt und Grenzen der Personensorge.
24 Bokelmann (1997).
25 Sauerbrey/Winkler (2018).
26 Bürgerliches Gesetzbuch (BGB), § 1631 Inhalt und Grenzen der Personensorge, Satz (2).
27 Plener (2019).
28 Entspricht der Berliner Gemeinschaftsschule (1. – 13. Jahrgangsstufe) mit gymnasialem Anforderungsniveau.

29 Stiftung digitale Chancen (2018).
30 Miller (2014).
31 Rutschky (1997).
32 Skinner (1973).
33 Depner (2016).
34 Brisch (2010).
35 Kohn (2018).
36 Kohn (2010).
37 Schmidt (2012).
38 Juul (2014).
39 Unicef (2017)
40 www.polizei-beratung.de/themen-und-tipps/gewalt/kindesmisshandlung/fakten/ (Stand: 31.07.2019)
41 Bundeskriminalamt (2019).
42 Beling (2019).
43 Häuser/Schmutzer/Brähler/Glaesmer (2011).
44 Plener/Rodens/Fegert (2019).
45 antenne bayern (2018b).
46 antenne bayern (2018a).
47 Gershoff/Grogan-Kaylor (2016).
48 Wang/Kenny (2014).
49 BBC News (2018).
50 Wang/Kenny (2014).
51 Fokken, Silke (2019).
52 Kohn (2015).
53 Juul (2015).
54 Miller (2014).
55 Berndt, Christina (2012).
56 Brisch (2010).
57 Depner (2016)
58 Auf Deutsch: Kreisgespräche. Weitere Informationen und Links unter: www.restorativecircles.org
59 Rosenberg (2013a).

60 Glasl (2007).
61 Rosenberg (2013b).
62 Vokabular aus der *unerzogen*-Bewegung.
63 Kiel-Hinrichsen/Kviske (2016).
64 Largo (2014).
65 Weitere Informationen unter: www.originalplay.de (Stand: 31.07.2019)
66 In Anlehnung an die Kulturschockkurve nach dem US-amerikanischen Anthropologen Dr. Kalervo Oberg.
67 Rosenberg (2013a).

Hilfreiche Webseiten, Podcasts und Blogs

http://elternmorphose.de/blog/
https://derkompass.org/blog/
https://familienleicht.de/blog/
http://ponyhofpodcast.de/
https://diephysikvonbeziehungen.wordpress.com/
http://kraetzae.de/erziehung/erziehen_ist_gemein/
https://www.unerzogen-magazin.de/
https://www.nora-imlau.de/blog/
https://www.katiasaalfrank.de/blog/